*Buch*
Die dramatischen Entwicklungen in der früheren Sowjetunion, die in nationalistischen Auswüchsen ungeahnten Ausmaßes gipfeln, werfen die Frage nach ihren historischen, politischen, religiösen und kulturellen Ursachen und Hintergründen auf. Peter Scholl-Latour läßt die Geschichte Rußlands seit ihren Anfängen im 10. Jahrhundert Revue passieren. Er zeigt die Verbindungslinien zwischen den russischen Herrschergestalten wie Iwan dem Schrecklichen, Boris Godunow, Peter dem Großen und Josef Stalin auf und beschäftigt sich ausführlich mit der historischen Bedeutung und heutigen Rolle der orthodoxen Kirche.
Ausgehend von der Beschreibung der Situation vor und nach dem Zerfall der Sowjetunion beurteilt Peter Scholl-Latour mit Blick auf die Zunahme der Unabhängigkeitsbestrebungen und auf die Verschärfung der Bürgerkriegslage in vielen Nachfolgestaaten, welche Zukunftsaussichten die immer noch riesige Russische Föderationsrepublik sowie die neu entstandenen Einzelstaaten haben.

*Autor*
Dr. Peter Scholl-Latour, 1924 in Bochum geboren, studierte an den Universitäten Mainz, Paris und Beirut. Seit 1950 arbeitet er als Journalist in der ganzen Welt. Neben Fernseh-, Rundfunk- und Presseberichten über die vielen Reisen an die Brennpunkte der Weltpolitik entstanden mehrere erfolgreiche Bücher zu diesen Themenbereichen, u. a. die Bestseller »Der Tod im Reisfeld. Dreißig Jahre Krieg in Indochina« (1980), »Allah ist mit den Standhaften. Begegnungen mit der islamischen Revolution« (1983), »Mit Frankreich leben« (1988), »Das Schwert des Islam. Revolution im Namen Allahs« (1990) und »Den Gottlosen die Hölle« (1991)

*Im Goldmann Verlag sind von Peter Scholl-Latour bereits erschienen:*
Asien (mit Josef Kaufmann; 12323)
Den Gottlosen die Hölle (12429)
Der Wahn vom Himmlischen Frieden (12828)

PETER
SCHOLL-LATOUR

# Unter Kreuz und Knute

Russische
Schicksalsstunden

**GOLDMANN VERLAG**

*Umwelthinweis:*
Alle gedruckten Materialien dieses Taschenbuches
sind chlorfrei und umweltschonend.
Das Papier enthält bereits Recycling-Anteile.


Der Goldmann Verlag ist ein Unternehmen
der Verlagsgruppe Bertelsmann

Mit einem Vorwort versehene Taschenbuchausgabe August 1994
Wilhelm Goldmann Verlag, München
© C. Bertelsmann Verlag GmbH, München
Recherchen und Bildredaktion: Cornelia Laqua
Karten: Adolf Böhm
Umschlaggestaltung: Design Team München
Umschlagabbildung: Dieter Bauer
Satz: Uhl + Massopust, Aalen
Druck: Presse-Druck, Ausgburg
Verlagsnummer: 12562
ss · Herstellung: K. Storz-Heinrich
Made in Germany
ISBN 3-442-12562-3

1 3 5 7 9 10 8 6 4 2

# Inhalt

Vorwort
6

Einführung
10

Der Traum vom »Dritten Rom«
19

Zeit der Wirren – Zeit des Ruhms
63

Die Dämonen der Freiheit
107

Sowjetmacht und Untergang
149

Zeittafel
191

Filmographie
207

Stichwortverzeichnis
211

Bildnachweis
219

# Vorwort

Die jüngsten dramatischen Entwicklungen im Rußland Boris Jelzins fügen sich nahtlos in die Folge düsterer Tragödien ein, die für die hier skizzierte Geschichte Muskowiens so charakteristisch ist. Wenn der Vorsatz dieses Buches – nämlich die Kontinuität russischer Geschichte zu beschreiben – einer Bestätigung bedurfte, so ist sie uns in den letzten Monaten des Jahres 1993 geliefert worden.

Auf dem Höhepunkt der Auseinandersetzung zwischen Boris Jelzin einerseits, den Abgeordneten der Volksdeputiertenkammer andererseits, hatte Alexej II., Patriarch der russisch-orthodoxen Kirche, Bevollmächtigte der beiden Bürgerkriegsparteien ins Kloster Danilow bei Moskau bestellt, um sie unter Androhung des Kirchenbannes, des »Anathema«, zur Friedfertigkeit zu ermahnen. Der Appell hat wenig gefruchtet, denn am 4. Oktober eröffneten die Panzer des Präsidenten ihr vernichtendes Granatfeuer auf das »Weiße Haus« an der Moskwa. Dennoch bleibt die erstaunliche Tatsache festzuhalten, daß das höchste kirchliche Oberhaupt, selbst ein ehemaliger Schützling des KGB, nach 70jähriger Gottlosenherrschaft des Marxismus-Leninismus sich im Zeichen des Kreuzes und der byzantinischen Tradition als letzte geistige und politische Instanz zu behaupten suchte.

Seit dem Gemetzel am russischen Parlament hat der neue Zar Boris einen schweren Gang angetreten. All jene im Westen, die ihn bereits als Führer einer mächtigen Reformpartei priesen, so wie sie wenige Monate zuvor der Lichtfigur Michail Gorbatschow gehuldigt hatten, wurden eines Besseren belehrt. Für Rußland steht seit den Wahlen vom 12. Dezember 1993 weder die erfolgreiche Hinwendung zur parlamentarischen Demokratie noch zur sozialen Marktwirtschaft in Aussicht.

Dieses riesige Land zwischen Smolensk und Wladiwostok folgt seinen eigenen Gesetzen. Zwar ist die neue Verfassung, die Boris Jelzin dem Wähler aufnötigte, mit knapper Stimmenmehrheit akzeptiert worden. Sie atmet ohnehin den Geist selbstherrlicher Autokratie und räumt dem Präsidenten exorbitante Vollmachten ein, die einem Monarchen der Romanow-Dynastie gut angestanden hätten. Aber sogar mit dieser Charta hat Jelzin sein Ziel nicht erreicht: Selbst ein im voraus entmachtetes Parlament, eine in ihren Rechten extrem beschränkte »Duma«, wird zur unzähmbaren Bojaren-Versammlung, wenn die großen dort vertretenen Strömungen die Legitimität des Staatschefs unterspülen.

Nicht die pro-westlichen Reformer, die »Sapadniki«, diese ewigen Verlierer, haben sich durchgesetzt, sondern die dumpfen Kräfte des Beharrens, ja der finstersten Reaktion. Wieder einmal hatten ausländische Kanzleien und Medien ihre eigenen Wunschvorstellungen für bare Münze gehalten. Jene wenigen liberalen Geister, mit denen sie in Moskau Kontakt pflegten, hatten bei ihnen die Illusion geweckt, die neuen Dekabristen der Partei »Russische Wahl« seien repräsentativ für das profunde Begehren des russischen Volkes. Die Massen waren aber nicht mehr bereit, ihre fortschreitende Verelendung passiv hinzunehmen, während sich eine schmarotzende Minderheit an westlichen Konsumimporten gütlich tat. Die vielzitierte unbegrenzte Leidensfähigkeit des russischen Volkes hatte ihre Grenzen schneller erreicht, als so mancher Experte errechnet hatte. Es schlug die Stunde der Demagogen, der Scharlatane, der »falschen Zaren«.

Die Figur Wladimir Schirinowskij ist seit der Wahl zur Duma wie ein drohender Komet am Himmel Rußlands aufgetaucht. Bezeichnend wiederum, daß niemand vor ihm gewarnt oder ihn gar ernstgenommen hätte. Nun steht dieser unberechenbare, wild um sich schlagende Gewaltmensch an der Spitze einer extrem nationalistischen, faschistischen, ja rassistisch orientierten Bewegung, die beim verzweifelten Volk, aber auch bei manchem entwurzelten Intellektuellen und vor allem bei den aufs tiefste gedemütigten Streitkräften auf breite Zustimmung stößt. Gemeinsam mit den Alt-Kommunisten und der im Kollektivismus erstarrten Agrarpartei ist Schirinowskij in der Lage, jeden konstruktiven Erneuerungsansatz Jelzins zu blockieren. Schon macht sich dieser Rattenfänger Hoffnungen, im Jahr 1996 die Präsidentschaft der Russischen Föderation ganz legal an sich zu reißen und dann mit jener Machtfülle zu regieren, die Jelzin nicht auszuschöpfen vermag. Alle territorialen Besitzstände – von Alaska bis Finnland – werden von dem polternden Hasardeur Schirinowskij in Frage gestellt, und heute sieht es fast aus, als trauere auch die Atlantische Allianz der Berechenbarkeit sowjetischer Großmachtpolitik zur Zeit der »Stagnation« Leonid Breschnews nach.

So mancher Kritiker hatte an dem vorliegenden Geschichts-Essay Anstoß genommen und dem Autor unterstellt, den historischen Ablauf allzu finster und blutig zu beschreiben. Im Licht der jüngsten Ereignisse hat sich jedoch eine beklemmende Zwangsläufigkeit bekräftigt, und schon hantieren die neuen Volksverführer Rußlands wieder mit dem überlieferten Instrumentarium von »Kreuz und Knute«.

*Bonn, im Januar 1994* *Peter-Scholl-Latour*

# Einführung

Das Institut für Russische Geschichte war in einem anonymen, trostlosen Gebäudekomplex am Stadtrand von Moskau untergebracht. Darin unterschied es sich in keiner Weise von der Mehrzahl aller Verwaltungs- und Dienststellen, die die Sowjetunion hinterlassen hat. Es roch muffig in den düsteren Gängen. Wir brauchten einige Zeit, bis wir den uns zugewiesenen Konferenzraum entdeckten. Nach und nach fanden sich die Historiker ein. Ihr elitäres Bewußtsein verbargen sie hinter einer gewissen Schlampigkeit des Auftritts.

Die Diskussion begann schleppend, fast widerwillig. Ich hatte den Wunsch geäußert, mich über die verschiedenen Höhe- und Tiefpunkte der russischen Geschichte zu informieren. Jetzt saß ich einer Reihe von Wissenschaftlern gegenüber, denen die Zugehörigkeit zur Akademie der Wissenschaften, der berühmten Gründung Peters des Großen, Prestige und Kompetenz verlieh. Nach mühseligem Anfang ergriff eine Dame südländischen oder semitischen Typs die straffe Leitung des Gesprächs. Meine erste Frage hatte Befremden ausgelöst. Mit welcher Phase der russischen Vergangenheit lasse sich denn die heutige Situation nach dem Zusammenbruch der Sowjetunion vergleichen, hatte ich wissen wollen. Die Geschichte wiederhole sich nicht, wurde mir zunächst geantwortet. Aber dann kamen die überwiegend jüngeren Historiker überein, daß die Zeit der »Smuta«, die »Zeit der Wirren«, die das Moskowiter-Reich im ausgehenden sechzehnten und beginnenden siebzehnten Jahrhundert heimgesucht hatte, eine gewisse Parallele zu den jetzigen Zuständen biete.

Die »Smuta« reicht – wenn wir sie etwas extensiv behandeln – von der Regentschaft Boris Godunows nach dem Tode Iwans IV., des Schrecklichen, bis zum allmählichen Erstarken der neuen Romanow-Dynastie. Damals drohte Rußland in den Abgrund zu stürzen, wurde vom Machtkampf der Bojaren, vom Aufruhr des elenden Landvolkes, von Kosaken-Revolten, Tataren-Einfällen, von Pest und Kirchenspaltung heimgesucht. Das Ende der Zeiten schien gekommen, als ein unbekannter Mönch, der »falsche Dmitri«, sich für den ermordeten Sohn Iwans IV. ausgab, die Monomach-Krone für sich beanspruchte und an der Spitze eines polnischen und katholischen Heeres im Heiligen Moskau einzog. Die verhaßten Polen richteten sich im Kreml als Besatzer ein.

Der Vergleich war zweifellos überzogen. Die ehemalige Sowjetunion, so kamen wir in unserer Runde schnell überein, war weit von dem totalen Desaster der »Smuta« entfernt, das sich so tief in das kollektive Gedächtnis Rußlands eingekerbt hat. Aber es erschien mir interessant, daß hier ein Geschichtsabschnitt zitiert wurde, der dem durchschnittlichen Ausländer so gut wie unbekannt ist und in der geläufigen europäischen Geschichtsschreibung nur selten erwähnt wird.

Ein paar Wochen später suchte ich den renommierten Historiker Boris Ribakow in seiner für Moskauer Verhältnisse geräumigen Wohnung auf. In allen Ekken stapelten sich die Bücher. Ribakow, Mitglied der Akademie der Wissenschaften, war vierundachtzig Jahre alt, strotzte aber vor Vitalität. Ich erwähnte die gewagte These von der »neuen Smuta«, die über Rußland hereingebrochen sei. Der alte Gelehrte widersprach nicht kategorisch. Gewiß, es habe alles noch einen Anschein von Ordnung, und vom apokalyptischen Chaos, das die Zeit der Wirren kennzeichnete, sei man wohl weit entfernt. In einem Punkt sei jedoch die Zeit der Wirren wieder über die »Rodina«, über das russische Vaterland hereingebrochen, nämlich in Form einer wachsenden und bedrohlichen Überfremdung durch das westliche Ausland. Der Verdacht dränge sich auf, daß die Entscheidungen über das russische Schicksal nicht mehr in Moskau, sondern in ausländischen Hauptstädten gefällt würden. Eine patriotische Reaktion auf diese Form der Demütigung könne nicht ausbleiben.

Dabei wahrte Ribakow deutliche Distanz zu jenen »Slawophilen«, die das Heil Rußlands in der Rückbesinnung auf uralte Formen des slawischen Gemeinlebens und vor allem auf das byzantinische Erbe der Orthodoxen suchten. An einem Ehrenplatz über seinem Schreibtisch hing das Porträt Peters des Großen, des unerbittlichen Modernisierers und Erneuerers. »Peter I. war ein Genie«, begeisterte sich Ribakow, »und unser Unglück besteht darin, daß keine auch nur halbwegs ebenbürtige Persönlichkeit in Sicht ist.« Der greise Professor, der sich mit Stolz auf seine tatarischen Ahnen berief, hatte sich in seinen Studien überwiegend mit den Fürstentümern der ostslawischen Frühzeit befaßt. Er war ein entschiedener Gegner jener Geschichtsdeutung, derzufolge die Staatswerdung Rußlands erst mit dem Eindringen der Wikinger, der Waräger, wie man sie hier nennt, begonnen habe. Schon lange vor dem skandinavischen Eroberer Rurik hätten sich auf russischer Erde kraftvolle politische Strukturen herausgebildet, auch wenn sie durch den Ansturm der asiatischen Steppenvölker immer wieder erschüttert worden seien.

Der sogenannte »Normannen-Streit«, der Disput über die Frage, ob die Waräger den Ausschlag für die politische und nationale Geburt Rußlands gegeben hätten, ist nicht so theoretisch, wie er auf den ersten Blick anmutet. Immerhin haben die Rurikiden, die Nachfahren jenes Rurik, der im neunten Jahrhundert auf dem Flußweg des Dnjepr den Durchbruch nach Konstantinopel suchte, bis ins sechzehnte Jahrhundert, bis zu Iwan dem Schrecklichen als Großfürsten, zuletzt als Zaren, über Rußland geherrscht. Die Ideologen des Nationalsozialismus haben aus der Gründung der »Kiewer Rus« durch germanische Eroberer die absurde Behauptung abgeleitet, die Slawen seien zur eigenen Staatsbildung, ja, zur Selbstregierung nicht befähigt. Es sei Aufgabe der nordischen Kriegerrasse – so hieß es im »Mythos des XX. Jahrhunderts« –, diese ostischen Völker, deren Schicksal sich in Leibeigenschaft und Knechtung erfülle, einer permanenten deutschen Ordnungsmacht zu unterstellen. Der Feldzug Hitlers gegen die Sowjetunion begründete sich auf dieser grotesken Fehlbeurteilung. Der Untergang des Dritten Reiches vollzog sich als Folge dieser Verblendung beinahe zwangsläufig in den Weiten zwischen Bug und Wolga.

Das Buch »Unter Kreuz und Knute«, das wir hier vorstellen, ist in Anlehnung an eine Reihe von Dokumentar-Filmen über »Russische Schicksalsstunden« entstanden. Natürlich läßt sich in diesem begrenzten Rahmen nur eine Auswahl von Ereignissen darstellen. Dazwischen klaffen Lücken. Es handelt sich mehr um einen historischen Essay als um eine kontinuierliche Schilderung. Der Autor ist kein Slawist und begibt sich – trotz fleißiger Studien und zahlreicher Rußlandreisen zwischen Bug und Ussuri – auf unsicheren Boden. Er ist sich dieses Risikos voll bewußt, hat jedoch im Laufe seines Lebens die Erfahrung gemacht, daß die etablierten Experten, daß die »old hands« oft genug Opfer liebgewordener Vorurteile und hartnäckiger Fehleinschätzungen wurden. Man denke nur an die irrigen Analysen und Prognosen, die aus angeblich berufenem Mund über die Natur und Bestimmung des Chinesischen Reiches angestellt wurden. Eine gewisse Unbefangenheit kann bei der Behandlung brennender politischer Fragen von Nutzen sein.

Tatsächlich geht uns die ungewisse Zukunft Rußlands auf geradezu beklemmende Weise an. Sie wird uns in den kommenden Jahrzehnten intensiv beschäftigen. Die Vorgänge im Osten werfen für Europa existentielle Probleme auf. Da ist es beinahe unentbehrlich, sich des historischen Rückblicks als Wegweiser für das Kommende zu bedienen und anhand vergangener Gesetzlichkeiten die neuen Zwänge zu interpretieren. Dabei wird sich herausstellen, daß trotz aller Willkür, die das Moskowiter-Reich kennzeichnet, eine faszinierende Kontinuität vorherrscht. Davon ist auch die bolschewistische Phase, die siebzig Jahre dauerte, nicht ausgenommen.

Bei der Themenauswahl habe ich versucht, jene großen Kraftlinien aufzuzeigen, die nicht nur in der Retrospektive beeindrucken, sondern auch in der russischen Gegenwart fortwirken. Die Hinwendung des Waräger-Fürsten Wladimir des Heiligen zum byzantinisch-orthodoxen Christentum spiegelt sich in der religiösen Renaissance, die heute allenthalben zu beobachten ist. In der Nachfolge Konstantinopels, das 1453 von den Türken erobert wurde, entstand in Moskau der Mythos vom »Dritten Rom«, der Glaube an eine göttliche Berufung des frommen russischen Volkes. Dieser universale Anspruch wurde von den Bolschewiki – allen atheistischen Beteuerungen zum Trotz – auf die welterlösende Botschaft der marxistischen Heilslehre übertragen.

Man mag dieser Chronik den Vorwurf machen, sie beschränke sich im wesentlichen auf eine pompöse »Haupt- und Staatsaktion«; den Zaren, den Bojaren, den privilegierten Adelsschichten werde eine exorbitante Bedeutung zugewiesen auf Kosten der Masse der Untertanen und der gesellschaftlichen Abläufe, die sich fern der Paläste vollzögen. Dieser Einwand wird durch die Tatsache entkräftet, daß zur Zeit Katharinas der Großen, also noch im ausgehenden achtzehnten Jahrhundert, die Bevölkerung Rußlands sich zu mehr als fünfundneunzig Prozent aus Leibeigenen zusammensetzte. Es war de facto eine Sklavenhaltergesellschaft, und die ersten Kundgebungen der Aufklärung beschränkten sich damals auf eine höfische Fassade. Im übrigen – so scheint uns – wird der grandiose und oft schreckliche Ablauf der russischen Geschichte durch drei Giganten überragt: durch Iwan IV. – »Grosny«, »der Gestrenge« auf russisch –, der der Tataren-Herrschaft an der Wolga ein Ende setzte; durch Peter I., der zum Entsetzen seiner Bojaren und Popen das Fenster nach Westen gebieterisch aufstieß; und schließlich durch Josef Wissarionowitsch Stalin, den Despoten aus Georgien, unter dessen Nachlaß die Völker des zerbrochenen Sowjetreiches heute noch ächzen, während sie – halb ängstlich, halb hoffnungsvoll – nach neuen Tyrannen Ausschau halten.

Die Kriege, die Schlachten, die militärischen Demonstrationen – so mag ein anderer Vorwurf lauten – nehmen einen überdimensionalen Platz in diesem pauschalen Gemälde ein. Doch alle Historiker, mit denen ich sprach, haben bestätigt, daß jede Reform und auch jeder Wandel in diesem maßlosen Imperium vorrangig auf die Modernisierung der Streitkräfte, auf die strategische Überlegenheit Rußlands über seine potentiellen Gegner hinzielte. Das Wohl und Wehe der Untertanen – ob es um fiskalische Neuordnungen, soziale Umschichtungen oder forcierte Industrialisierung ging – war stets der militärischen Aufrüstung untergeordnet. Daß es dennoch immer wieder im Laufe der Jahrhunderte zu Bauernaufständen, zur tobenden, zügellosen Auflehnung gegen die bestehende autokratische Ordnung kam – entgegen der weitverbreiteten These von der unbegrenzten Leidensfähigkeit des russischen Volkes –, versuchen wir mit allem Nachdruck darzustellen. Dafür zeugt die Rebellion eines Stenka Rasin oder eines Jemeljan Pugatschow bis hin zu den meuternden Matrosen des Panzerkreuzers »Potemkin«.

Gegen Ende dieses Buches prüfe ich die Gegenwart und mehr noch die Zukunftsperspektiven der problematischen »Gemeinschaft Unabhängiger Staaten« (GUS). Auf eine detaillierte Schilderung der russischen Umwälzungen in der ersten Hälfte unseres Jahrhunderts habe ich verzichtet. Das Thema wurde häufig und gründlich abgehandelt. Es sollte den meisten Lesern vertraut sein. Hingegen wird uns der plötzliche Kollaps der Sowjetmacht beschäftigen, ein wohl einmaliges historisches Phänomen, denn er vollzog sich – so scheint es – ohne eine wirklich zwingende Einwirkung von innen oder von außen. Die vielzitierten ökonomischen Fehlentwicklungen, die angeblich diesen »Koloß auf tönernen Füßen« zu Fall brachten, bieten eine recht unbefriedigende Erklärung für das sowjetische Debakel. Hüten wir uns zudem vor Prognosen und vorschnellen Urteilen. Gerade die »Smuta«, die Zeit der Wirren, hat vor vierhundert Jahren vorgeführt, wie plötzlich und unerwartet Rußland sich aus einem Abgrund der Erniedrigung zu neuer Macht und Größe erheben kann.

Ein kurzes Erlebnis als Abschluß dieser Einleitung. Als ich mich im Oktober 1992 in Sarajewo aufhielt, genoß ich ein paar Stunden lang den Geleitschutz ukrainischer Panzerspähwagen, die mich bis zu den serbischen Linien eskortierten. Im Gespräch mit den Offizieren dieses UN-Bataillons aus der wiedererstandenen »Kiewer Rus« klang immer wieder die Sorge durch, das schreckliche Blutvergießen, das den Balkan heimsucht, könne – wie so oft in der Geschichte – auch auf die weiten Ebenen jenseits von Pruth und Dnjestr übergreifen. Die bosnische Tragödie erschien diesen Ukrainern wie ein böses Omen.

# Der Traum vom »Dritten Rom«

Ein Drachenschiff taucht bedrohlich auf dem mittleren Dnjepr auf. Die Waräger sind da, die Wikinger, die Nordmänner oder Normannen, wie man die germanischen Eroberer und Kaufleute aus dem fernen Skandinavien nennt. Mit dieser Begegnung zwischen den Warägern und den slawischen Urvölkern Osteuropas beginnt die verbürgte Geschichte Rußlands. Es ist die Zeit, als die Normannen auch das westliche Abendland heimsuchen, zuerst Paris belagern und sich dann in der Normandie niederlassen. Von dort werden sie 1066 England erobern. Im äußersten Süden Europas gründen sie später das Königreich Sizilien.

Die ostslawischen Stämme zwischen Nowgorod und Kiew haben diesen nordischen Eindringlingen nur geringen Widerstand geleistet. Vielmehr wandten sie sich an die Waräger mit der Bitte, ihren archaischen Sippenfehden ein Ende zu setzen. »Unser Land ist groß und reich, aber es ist keine Ordnung in ihm; kommt, bei uns Fürst zu sein und über uns zu herrschen!«, sollen die Nowgoroder Slowenen und die slawischen Kriwitschen zu den Wikingern gesagt haben. So berichtet der Mönch Nestor in der ältesten russischen Geschichtsaufzeichnung, der »Chronik der

*Linke Seite: Alexej II., Patriarch der russisch-orthodoxen Kirche, segnet das Volk vor der Basilius-Kathedrale auf dem Roten Platz, die gerade wieder als Kultstätte geweiht wurde.*

*Die Waräger oder Wikinger, die die erste russische Staatswerdung von Kiew vornahmen, hatten zur gleichen Zeit ihre Herrschaftssysteme auch auf die französische Normandie und Sizilien ausgedehnt. Sie stießen bis Konstantinopel vor.*

vergangenen Jahre«. Das Wort »Rus«, aus dem Rußland wurde, führt Nestor ebenfalls auf die Skandinavier zurück.

Die Waräger waren natürlich nicht nur wegen des Handels mit Fellen und Sklaven in die Sümpfe und Urwälder zwischen Ostsee und Schwarzem Meer vorgestoßen. Sie nutzten die großen Wasserstraßen Newa und Wolchow, Düna, Dnjepr und Wolga, um sich den sagenhaften Reichtümern der Kaiserstadt Konstantinopel zu nähern und mit dem byzantinischen Großreich Handel zu treiben. Die Urslawen, die bereits im Begriff standen, die finnisch-ugrischen Völker zwischen Dnjepr und Wolga zu verdrängen oder zu assimilieren, beugten sich den germanischen Warägern, deren Zahl relativ gering war, und sogen sie am Ende auf.

Zwischen den rivalisierenden Nordmännern, ob sie

nun aus dem heutigen Dänemark oder aus Schweden über die Ostsee vorstießen, entbrannten oft heftige Kämpfe. Aber die Herrschaftsschicht aus Skandinavien etablierte sich fest längs der großen Wasserwege, zwischen den weitverstreuten Bollwerken und Angelpunkten warägischer Macht. Im neunten Jahrhundert, so berichtet der Mönch Nestor, einten sich die normannischen Fürsten unter einem gewissen Rurik, dem Stammvater einer russischen Dynastie, die erst Ende des sechzehnten Jahrhunderts mit Iwan dem Schrecklichen erlöschen sollte.

Schon die russische Frühgeschichte ist vom Glanz und der Macht des oströmischen Kaisertums, von der Glorie des christlichen Byzanz beherrscht. Romantisierende russische Geschichtsfilme geben ein recht unzulängliches Bild vom Hof des großen Kaisers Justinian und der Kaiserin Theodora. Dabei schildern sie

*Ein zeitgenössisches Mosaik aus Ravenna zeigt den byzantinischen Kaiser Justinian inmitten seines Gefolges.*

legendäre Waffentaten der Urslawen, die in Richtung Bosporus vordrangen und das ehrwürdige Konstantinopel belagerten. Die relative Nähe von Konstantinopel war es auch, die das Schwergewicht des frühen russischen Reiches der Rurikiden nach Kiew verlagerte. Hier entstand die »Mutter aller russischen Städte«. Die »Kiewer Rus« steht am Anfang der russischen Geschichte, und diese ruhmreiche Erinnerung ist nie gelöscht worden. Von Byzanz, nicht von Rom, vom Patriarchen von Konstantinopel, nicht vom Papst, ging die allmähliche Christianisierung der slawischen Stämme und ihrer warägischen Herrscherkaste aus. Die Legende der Heiligen Olga kündigt die allmähliche Hinwendung Rußlands zum Kreuz an und beschreibt die erste starke Frauengestalt der russischen Geschichte. Eine seltsame Heilige war sie schon, diese Olga, die die feindlichen Steppenvölker, die Trevlanen und Khazaren, mit äußerster Härte bekämpfte und die Mörder des Fürsten Igor, ihres Gatten, mit einer Grausamkeit verfolgen ließ, die einer Nibelungenheldin würdig war.

Schon zu dieser Zeit lebten Kiew und die gesamte »Kiewer Rus« unter der Bedrohung überwiegend türkischer Nomadenstämme, die die Steppen der heutigen Ukraine mit ihren Herden durchstreiften. Den Hunnen und den Awaren verwandt, schufen diese plündernden Reitervölker eine breite Zone der Unsicherheit.

Die frühen russisch-warägischen Fürsten errangen entscheidende Siege über die türkischen Khazaren, die an der unteren Wolga ein halbwegs stabiles Reich gegründet und deren Führer sich seltsamerweise zum Judentum bekehrt hatten. Damit beraubte sich die »Kiewer Rus« jedoch des letzten Sperriegels gegen-

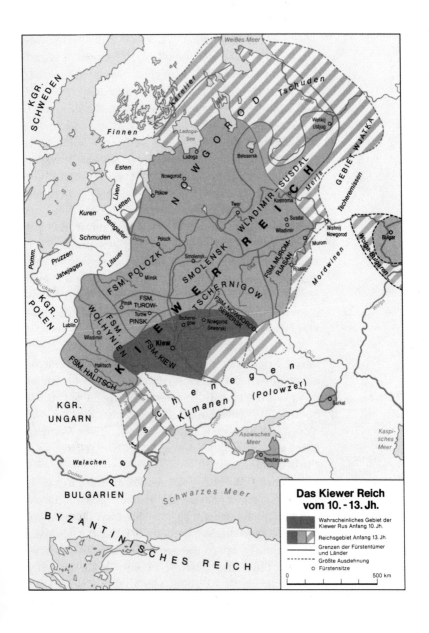

über jenen vernichtenden Wirbelstürmen, jenen wilden Horden, die, aus den Tiefen Zentralasiens aufbrechend, durch den südlichen Steppengürtel den Durchbruch nach Mitteleuropa suchten.

Im Jahr des Herrn 1988, am tausendsten Jahrestag der Bekehrung Kiews zum Christentum, gedachte die erlöschende Sowjetmacht des Heiligen Wladimir, der diese entscheidende Wende vollzog. Dieser Warägerfürst hatte ein abenteuerliches Leben verbracht. Gemeinsam mit seinem heidnischen Vater Swjatoslaw hatte er gegen den byzantinischen Kaiser Johannes Tzimiskes auf seiten der Bulgaren gekämpft. Er hatte Feldzüge gegen das türkische Steppenvolk der Petschenegen geführt und sich dann mit ihnen verbündet. Ausschlaggebend für seine Bekehrung zum griechisch-orthodoxen Ritus des Christentums war Wladimirs Hochzeit mit einer purpurgeborenen Prinzessin von Byzanz.

Aus seiner skandinavischen Heimat war die Herrschaft Wladimirs durch wiederholte Verstärkungen normannischer Krieger abgesichert worden. Später erhielt er die endgültige Legitimierung als Herrscher über die russische Erde – die »russkaja zemlja«, wie Nestor schon damals schrieb – dank seiner Vermählung mit Anna, der Schwester des Kaisers Basileios von Konstantinopel.

Zu jener Zeit vollzog sich die Vernichtung des Götzen Perun und anderer urslawischer Kultstätten. In den Fluten des Dnjepr, so wird auf alten Ikonen festgehalten, fand die Massentaufe der Kiewer Bevölkerung, an ihrer Spitze die warägischen Adligen, statt. Als der Fürst starb, wurde er vom Volk und vom Klerus bereits als »Wladimir der Heilige« verehrt. Er hat das unlösbare Band zwischen Rußland und dem

*Rechte Seite: Wladimir der Heilige, umgeben von seinen beiden Söhnen Boris und Gleb, wird auf dieser frühen russischen Darstellung im Stil der byzantinischen Ikonenmalerei dargestellt.*

byzantisch-oströmischen Kaisermythos geschmiedet, ähnlich wie im Westen der Frankenkönig Karl der Große mit seiner Kaiserkrönung durch Papst Leo III. in Rom das lateinische Erbe der Caesaren angetreten hatte.

Unter Jaroslaw erlebte die »Kiewer Rus« ihre schönste Blütezeit. In Nowgorod nahm Jaroslaw die

*In den Wassern des Dnjepr, des großen ukrainischen Stroms, an dem die »Kiewer Rus« entstand, ließ Großfürst Wladimir I., später »der Heilige« genannt, seine warägischen Adeligen und die slawische Urbevölkerung nach byzantinischem Ritus taufen und führte sein Volk dem Christentum zu.*

schwedische Prinzessin Indigirda zur Frau, und von den übrigen Fürsten Rußlands wurde er zum »Welikij Knjaz«, zum Großfürsten, gewählt. Die Töchter Jaroslaws heirateten deutsche Prinzen, eine von ihnen sogar den französischen König Heinrich I. Das Hauptaugenmerk Jaroslaws blieb jedoch auf Byzanz gerichtet. Nach dem Modell der dortigen Basilika Hagia Sophia – die Jahrhunderte später nach der Eroberung Konstantinopels 1453 in eine Moschee verwandelt werden sollte – begann er im Jahr 1037 mit dem Bau der Sophienkirche von Kiew.

Nach und nach gewann der russische Klerus, der sich der aus Bulgarien stammenden altslawischen Kirchensprache bediente und sich aus der griechischen Bevormundung löste, eigene Autorität. Die Berufung des Russen Ilarion zum Metropoliten von Kiew war

dafür ein deutliches Zeichen. Nicht so sehr die unaufhörlichen Attacken der Steppenvölker, insbesondere der heidnischen Petschenegen, schwächten nach der Glanzzeit Jaroslaws die Macht der Rurikiden. Die Rivalitäten unter den warägischen Fürsten und eine höchst komplizierte Erbfolge nach dem Onkel-Neffen-System führten zur Zersplitterung der Wehrkraft. Noch behauptete sich die Dnjepr-Metropole unter den Nachfolgern Wladimir Monomachs gegen die wilden Polowzer. Da tauchte aus Innerasien eine apokalyptische Gefahr auf, ein unbeschreibliches Entsetzen, ein Gottesgericht.

Im Jahr 1223 wurden die russischen Streithaufen an der Kalka durch die weit überlegenen Reiterheere der Mongolen vernichtend geschlagen. Der tatarische Khan Batu, ein Enkel des großen Dschingis Khan, unterwarf sich ein russisches Fürstentum nach dem anderen. Im Winter 1240 wurde auch die »Kiewer Rus« das Opfer der Verwüstung durch die Mongolen. Die Stadt wurde niedergebrannt, ihre Einwohner wurden niedergemetzelt oder in die Sklaverei verschleppt. »Gott weiß, woher er diese Moabiter« – so nannte der altrussische Chronist die Tataren – »gegen uns herangeführt hat, aber zweifellos sind unsere Sünden daran schuld.«

Für Rußland begann die lange Demütigung, die brutale Unterdrückung durch das Tatarenjoch. Kiew verschwand für fast ein halbes Jahrtausend aus der Geschichte. Da die Mongolen sehr bald die türkische Sprache und vor allem auch die islamische Religion der sie begleitenden, weit zahlreicheren Turk-Völker übernahmen, wurde der russisch-tatarische Gegensatz durch eine zusätzliche unerbittliche Feindschaft überhöht. Mehr als zweihundert Jahre triumphierte

im geknechteten Rußland der Halbmond des Islam über das Kreuz der orthodoxen Christenheit.

*

Kiew im Jahr 1988. Rußland begeht mit dem byzantinischen Prunk der orthodoxen Kirche den tausendsten Jahrestag seiner Christianisierung. Der armselige Mensch jener Zeit fühlte sich bei diesem festlichen Gesang der Liturgie, unter dem Eindruck der goldenen Ikonostasen und der prunkvollen Meßgewänder, bereits als Erdenbürger in den Himmel versetzt. Diese mystische Verzauberung hatte wohl die Einwohner der »Kiewer Rus« bewogen, sich auf Konstantinopel statt auf Rom oder gar auf Mekka auszurichten und sich zur Orthodoxie zu bekehren. Jahrhundertelang fand der elende russische Leibeigene in seiner Kirche die tröstliche Gewißheit, eines Tages der Pracht und der Herrlichkeit des Himmels teilhaftig zu werden. Das böse marxistische Wort »Religion ist Opium fürs Volk« hatte zumindest in Rußland ein gutes Stück Berechtigung.

Das kolossale Lenin-Denkmal, das einst das Stadtzentrum von Kiew beherrschte, ist 1991 demontiert worden. Wie in den früheren Zeiten unter Jaroslaw dem Weisen entscheidet sich das Schicksal der russischen Erde heute wieder in der Ukraine und ihrer Hauptstadt. Nach dem August-Putsch des Jahres 1991 hat die Ukraine ihre staatliche Unabhängigkeit ausgerufen und unter der blau-gelben Fahne der nationalistischen Bewegung »Ruch«, den Befürwortern einer totalen Abtrennung von Rußland, mehrheitlich zugestimmt.

An die Spitze des neuen Staates drängte sich – wie in den übrigen Nachfolgerepubliken der Sowjetunion – ein bewährter Apparatschik des alten kom-

*Linke Seite:
Aus den Tiefen Zentralasiens stürmten die Reiterheere der Mongolen im 13. Jahrhundert über die frühen russischen Siedlungen hinweg.*

*Die tausendjährige Bekehrung Rußlands zum Christentum wurde im Jahr 1988 in der historischen Stadt Kiew mit großem Pomp begangen. Unter dem Eindruck der allmählich einsetzenden Liberalisierung unter Gorbatschow fand das Volk zur alten Frömmigkeit und der Klerus zu dem ererbten Selbstbewußtsein zurück.*

*Rechte Seite: Unter der Statue Lenins, die inzwischen abmontiert wurde, demonstrieren die Ukrainer für ihre Unabhängigkeit.*

munistischen Machtapparates, Leonid Krawtschuk. Dieser Volkstribun aus dem westlichen Wolhynien vollzog bravourös die politische Wende vom Marxismus-Leninismus zur urkrainischen Nationalidee, zum Separatismus von Moskau.

Die Kuppeln der orthodoxen Klöster und Kirchen leuchten wieder mit ihrem strahlenden Gold über der Krümmung des Dnjepr. Das uralte Lawra-Kloster ist erneut Mittelpunkt einer inbrünstigen Frömmigkeit des Volkes, die siebzig Jahre gottloser kommunistischer Herrschaft überdauerte. In der christlichen, prawo-slawischen Mystik suchen viele Ostslawen, so scheint es, eine Zuflucht in dieser Zeit der Ratlosigkeit. In der Hinwendung zu einer bereits chauvinistisch geprägten Orthodoxie finden sie jenen festen ideologischen Stand, der ihnen nach dem Zusammenbruch der großen marxistischen Heilsutopie verlorenging.

Die Unabhängigkeit der Ukraine steht weiterhin auf unsicheren Füßen. Noch unter Breschnew waren bombastische Denkmäler errichtet worden, die die unverbrüchliche Einheit zwischen Moskau und Kiew glorifizieren sollten. In der »Kiewer Rus« hatte sich ja die Geburt Rußlands vollzogen. Ein Verzicht auf die »Mutter der russischen Städte« würde die Russische Föderationsrepublik von heute ihrer historischen Ursprünge berauben und sie – geographisch betrachtet – nach Asien abdrängen. Die Loslösung der Ukraine vom Moskowiter-Reich bleibt eine Existenzfrage für das weitere Schicksal der ostslawischen Völker. Die Abspaltung des gewaltigen Wirtschaftspotentials dieser neuen Republik mitsamt ihren zweiundfünfzig Millionen Menschen würde das verbleibende Rußland zur Zweitrangigkeit verurteilen.

*Mit den blaugelben Fahnen der neu gegründeten ukrainischen Republik treten die Anhänger der Bewegung »Ruch« an, um ihre Loslösung von der Moskauer Vorherrschaft zu fordern.*

An Protestsängern fehlt es nicht auf den Plätzen und U-Bahnstationen von Kiew. Hier wird vor spärlichem Publikum Klage über die Leiden der Afghanistan-Veteranen geführt. Die mongolischen Horden des Khan Batu hatten vor siebenhundert Jahren unter die blühende Kultur der »Kiewer Rus« einen brutalen Schlußstrich gezogen. In unseren Tagen waren es die zentralasiatischen Stämme am Hindukusch, ferne Verwandte und Glaubensbrüder jener schrecklichen Tataren, die im Afghanistan-Feldzug das erste Fanal setzten für den Zusammenbruch des gewaltigen Sowjetimperiums.

Ein Kongreß ukrainischer Offiziere, die sich von den russischen Streitkräften losgelöst haben, veranschaulichte kurz nach der Unabhängigkeitserklärung das Dilemma dieser Staatswerdung. Noch trugen sie Uniformen der sowjetischen Streitkräfte, und der

neue ukrainische Oberbefehlshaber General Morozow war gebürtiger Russe, lediglich mit einer Ukrainerin verheiratet. Selbst die Nationalisten der »Ruch« trauen den eigenen Offizieren noch nicht so recht über den Weg, verdächtigen sie weiterhin nostalgischer Loyalität zur ruhmreichen Roten Armee.

Die wahre Tradition der Ukraine, das sind angeblich die Kosaken, die sich heute wieder zu Wehrbünden, zu Traditionsvereinen und Folkloregruppen zusammenschließen. Entlaufene Leibeigene, aufsässiges, räuberisches Volk waren sie einst zur Zeit des Tatarenjochs und der späten Rurikiden gewesen. Noch gegen Peter den Großen hatten sie gekämpft, und erst Katharina II. hatte sie zu Säulen der zaristischen Autokratie, zu den Wachhunden des Imperiums gemacht. Sind sie mehr als ein malerisches Relikt, diese kostümfreudigen Kosaken? Stehen sie ver-

*Im Lawra-Kloster von Kiew schrieb der legendäre Mönch Nestor im 10. Jahrhundert seine »Chronik der vergangenen Jahre«.*

*Die Loslösung der Ukraine, eines der Zentren der früheren sowjetischen Schwerindustrie, kommt für die Russische Föderationsrepublik einem unersetzlichen Verlust gleich.*

läßlich auf seiten des Großrussen Boris Jelzin oder des Ukrainers Leonid Krawtschuk? Oder sind sie nur ein malerisches Symbol der Auflösung jeglicher Staatsautorität?

Wirkliche Macht hingegen demonstrieren die Bergleute und die Stahlarbeiter der Ost-Ukraine, wo die Bevölkerung überwiegend russisch ist. Unter den Romanows sind diese Nachkommen von Leibeigenen in die Gruben des Donez-Beckens, in die Eisenwerke von Kriwoj Rog zugewandert, wo früher einmal, als die dortigen Schwarzerde-Äcker endloses Steppengelände waren, die Don-Kosaken, vor allem die Fluß-Kosaken von Saporoshe, dem Feudalanspruch der russischen Bojaren und den Einfällen der Krim-Tataren in tollkühnem Freiheitsdrang widerstanden.

Die Kumpel des heutigen Donbas stellten im Sowjetreich eine proletarische Elite dar. Sie galten als

Speerspitze des realen Sozialismus. Gewiß, die Arbeitsbedingungen waren armselig und äußerst gefährlich. Dafür wurden sie zehnmal so hoch entlohnt wie ein Arzt oder ein Universitätsprofessor. Wenn die Bergleute des Donbas oder, weiter östlich, des Kusbas mit Streik drohen, dann wankt der postkommunistische Staat mindestens so sehr in seinen Grundfesten wie seinerzeit, als die Steppenreiter der Kosaken-Hetmane sich gegen die zaristische Autokratie und die russische Adelsherrschaft erhoben. Ob die Ost-Ukraine, ob Charkow, ob das Donez-Becken zur neugegründeten Republik von Kiew halten oder sich von ihr lösen, wird das Schicksal der staatlichen Sezession zutiefst beeinflussen. Die großrussischen Nationalisten in Moskau sind sich dieser Schwäche des Präsidenten Leonid Krawtschuk wohl bewußt.

Auch die Ukraine von heute lebt in unlösbaren

*Das Freiheitsstreben der Kosaken, die ursprünglich als entlaufene Leibeigene und »Steppenreiter« in die Geschichte eintraten, beeinflußt heute die neue Staatswerdung der Ukraine. Andererseits gilt das Kosakentum jedoch auch als Wahrer großrussischer und zaristischer Macht.*

Widersprüchen. Da ziehen die frisch getrauten Hochzeitspaare noch zu den sinnlosen Triumphsäulen der zerbrochenen Sowjetmacht, als würde Stalin oder Breschnew über sie herrschen, und sie legen dort rote Blumengebinde nieder. Andererseits hat der Metropolit Filaret von Kiew alle Schritte eingeleitet, um die griechisch-orthodoxe Kirche der Ukraine vom Moskauer Patriarchat abzuspalten. Wie alle orthodoxen Geistlichen seiner Generation ein ehemals gefügiges Instrument des KGB, möchte dieser Metropolit seine eigene autokephale Kirche ins Leben rufen und als Patriarch von Kiew anerkannt werden. Wie so häufig in der russischen Geschichte wird der Kampf um die staatliche Macht durch die schismatische Todfeindschaft innerhalb des hohen und niederen Klerus begleitet und angeheizt.

*Die Berg- und Industriearbeiter des Donbas-Reviers sind zum größten Teil aus Rußland zugewandert und stellen auf die Dauer für die staatliche Zukunft der Ukraine einen erheblichen Unsicherheitsfaktor dar.*

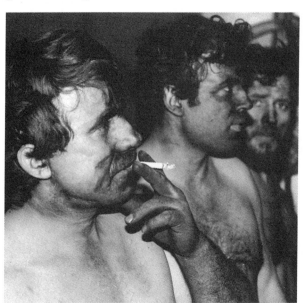

Aus Moskau wurde der Bannfluch gegen Filaret geschleudert. In die frommen Chöre einer intrigierenden Geistlichkeit mischt sich die freche Kritik der Bänkelsänger. In den Straßen und auf den Marktplätzen werden Protestlieder gesungen. Häufig geht es darin um die Atomkatastrophe von Tschernobyl und die anschließende Verseuchung weiter ukrainischer Landstriche. Und es werden alte ukrainische Volkslieder angestimmt. Doch selbst bei diesen trivialen Veranstaltungen kommt gelegentlich ein Hauch von Mystik auf, wenn im Hintergrund eines Devotalienstandes das Bildnis Michail Gorbatschows – von den meisten Ukrainern zutiefst verabscheut – unter einer Dornenkrone erscheint.

*Das frühere Steppenland Ukraine, die einstige Kornkammer des russischen Reiches, ist über weite Strecken zur verseuchten Industrielandschaft geworden.*

*Ukrainische Patrioten halten ein Transparent hoch mit der Aufschrift »Ja zu Europa, nein zur Gemeinschaft Unabhängiger Staaten (GUS)«.*

Wenden wir uns wieder der Vergangenheit zu. Ganz Rußland ist der Willkür der Tataren ausgeliefert. Die Erinnerung an diese schmerzliche und schier endlose Epoche hat das geschichtliche Unterbewußtsein der Russen weit tiefer geprägt als die sukzessiven Invasionen der Polen, Schweden, Franzosen, Deutschen, die vom Westen her gegen das spätere Moskowiter-Reich anbrandeten. Zwischen den Russen und Tataren hat eine lange Symbiose, teilweise eine biologische Verschmelzung stattgefunden. Wie der Marquis de Custine im 19. Jahrhundert vermerkte: »Grattez le Russe et vous trouvez le Tatare« »Kratzt den Russen an, und ihr findet den Tataren«.

Aus dieser Feststellung spricht keinerlei rassistisches Vorurteil. In Folge einer Serie erzwungener oder freiwilliger Bekehrungen zur prawo-slawischen Orthodoxie wurden zahlreiche Tatarenführer in die gehobene Gesellschaftsschicht Rußlands integriert. Der spätere Zar Boris Godunow entstammte einer tatarischen Sippe. Ob es sich um die Fürsten Jussupow, den Feldherren Kutusow, den Schriftsteller Turgenew, den Komponisten Rachmaninow handelt – niemand hat jemals versucht, diese asiatischen Ursprünge zu leugnen. Schließlich entfaltete die spätmongolische Metropole Samarkand im heutigen Usbekistan, der Regierungssitz des weltbeherrschenden Tamerlan, eine monumentale Architektur, ein hochentwickeltes Kulturleben, als die slawischen Moskowiter sich noch hinter Holzpalisaden verschanzten.

Der Konflikt zwischen Kreuz und Halbmond hat die russische Geschichte unter den Rurikiden und unter der späteren Dynastie der Romanow gezeichnet. Nach dem Zerfall des Sowjetimperiums hat diese religiös-kulturelle Auseinandersetzung neue Aktualität gewonnen. Ausgerechnet in der Stadt Kasan an der Wolga, wo Iwan der Schreckliche im Jahr 1552 geglaubt hatte, die islamisch-türkische Vorherrschaft endgültig gebrochen zu haben, weht heute wieder die grüne Fahne mit dem Halbmond des Islam, ja, bei den Kundgebungen der dortigen tatarischen Nationalisten taucht die blaue Standarte der »Goldenen Horde« auf.

Schon im dreizehnten Jahrhundert, also auf dem Höhepunkt des »Tatarenjochs«, gewinnt die Figur des Fürsten Alexander Newski weitreichende Bedeutung. Den Namen »Newski« hatte er sich erworben, weil er am Newa-Fluß die vordringenden Schweden besiegt hatte. Alexander Newski verkörpert in seiner Person – zerrissen zwischen West und Ost, zwischen Europa und Asien – jene innere Bewußtseinsspaltung, die die ganze russische Geschichte bis auf den heutigen Tag und auch das russische Geistesleben durchzieht. Josef Stalin hatte begriffen, warum er im Jahr 1938 – auf dem Höhepunkt der Auseinandersetzungen mit Hitlers Drittem Reich und dem deutschen »Faschismus« – den großen Regisseur Sergej Eisenstein beauftragte, ein glorifizierendes Filmwerk über Alexander Newski herzustellen. Auf diesen Film und die Absichten Stalins, die damit verbunden waren, wollen wir an dieser Stelle eingehen.

Eine Fischer-Idylle am Ilmensee. Die Szene spielt im frühen dreizehnten Jahrhundert in jener Gegend Nordwest-Rußlands im Umkreis der Städte Nowgorod und Pskow, die von dem Tatareneinfall halbwegs verschont geblieben ist. In Nowgorod herrscht der russische Nationalheld Alexander Newski, der von der orthodoxen Kirche später zum Nationalheiligen erhoben werden sollte. Eine seltsame Karawane zieht an den friedlichen Fischern vorbei. Mongolische Reiter eskortieren die Sänfte ihres Khans und führen eine Gruppe russischer Bauern als Sklaven weg. Es kommt in diesem Film Eisensteins zur Begegnung Alexander Newskis mit den tatarischen Würdenträgern der »Goldenen Horde«.

Aber mit keinem Wort wird erwähnt, daß Alexander Newski seine Berufung zum russischen Großfürsten, zum Herrn von Nowgorod, Wladimir und Susdal, dem Wohlwollen der asiatischen Eroberer verdankt. Alexander Newski, der hier seinen Leibeigenen gegenüber verkündet, es gehe erst einmal darum, den Deutschritterorden zu schlagen, ehe man sich gegen die Tataren wenden könne, war das gefügige Werkzeug des Groß-Khans der »Goldenen Horde«. In dessen Kriegslager von Saraij an der unteren Wolga entrichtete er seinen jährlichen Tribut, ja, für sämtli-

*Alexander Newski, russischer Großfürst und Nationalheiliger der orthodoxen Kirche, wehrte erfolgreich den Vorstoß des Deutschen Ordens ab, fügte sich jedoch als Vasall den mongolischen Eroberern und den Groß-Khanen der »Goldenen Horde«.*

che russischen Fürstentümer agierte er unterwürfig als eifriger Steuereintreiber im Dienste der Mongolen.

Der pathetische Film über Alexander Newski war, wie gesagt, 1938 von Josef Stalin in Auftrag gegeben worden. Der Sowjetunion drohte bereits die Kriegsgefahr mit dem Hitler-Reich. Also galt es – im Rückblick auf die Eroberungsabsichten des Deutschen Ordens im Baltikum und in Ingermanland, die russische Bevölkerung auf die schicksalhafte Auseinandersetzung mit den germanischen Aggressoren vorzubereiten. In der karikaturalen Darstellung der römisch-katholischen Geistlichkeit, der der kriegerische Mönchsorden der Deutschritter damals als Speerspitze gegen den slawischen Osten angehörte, wird der alte Gegensatz zwischen der russischen Orthodoxie und dem mit den Deutschen verbündeten Papsttum deutlich herausgestellt. Der Kreuzzug des Abendlandes wird in propagandistischer Verzerrung mit dem Terror unter dem Hakenkreuz gleichgestellt.

Auf dem gefrorenen Peipussee ist im April 1242 das relativ kleine Ritterheer der Deutschen auf die russischen Bauernmassen Alexander Newskis geprallt. Am Ende dieses Gemetzels, das Eisenstein mit großem Aufwand zelebrierte, steht die Niederlage des Deutschen Ordens. Das Eis spaltet sich im Getümmel, und der See verschlingt einen Teil der Aggressoren.

Die kriegerische Wut, die Bravour, die Alexander Newski gegenüber den abendländischen Angreifern aus dem Westen aufbringt, steht in krassem Gegensatz zur Passivität, ja, zur nationalen Demütigung, zu der er sich gegenüber den Mongolen bereitfand. Er beugte sich willig unter das Tatarenjoch. Er schien es mit jener byzantinischen Aussage zu halten: »Lieber

den Turban des türkischen Sultans als die Tiara des römischen Papstes.«

In Pskow, das die Deutschen Pleskau nannten, ließ sich Alexander Newski vom siegreichen russischen Bauernvolk feiern. Die gefangenen Deutschritter mußten sich den slawischen Siegern unterwerfen. Die Schlacht am Peipussee, so wollte es Stalin, wurde zur Apotheose russischer Macht. Diese pseudohistorischen Szenen des Triumphes täuschen nicht über eine für ganz Rußland tragische Wende hinweg.

In den Städten Nowgorod und Pleskau hatte sich unter dem Einfluß der deutschen Hanse und des Magdeburger Stadtrechtes eine frühe Form relativ freiheitlicher Bürgerprivilegien entwickelt. Neben den russischen Fürsten trat die Bürgerschaft der Stadt Nowgorod sehr selbstbewußt als »Welikij Gospodin« – als »Großer Herr Nowgorod« – auf. Dieser Entwick-

*Am Peipussee wurde das Ritterheer des Deutschen Ordens durch das russische Volksaufgebot unter Alexander Newski im Jahr 1242 vernichtend geschlagen.*

*In die nordöstlichen Waldgebiete von Wladimir und Susdal flüchtete ein Teil des Kiewer Adels. Die orthodoxe Kirche gründete dort ihre prächtigen Klöster.*

lung zu städtischer, heute würden wir sagen, zu demokratischer Mitbestimmung hatte der Sieg Alexander Newskis einen Riegel vorgeschoben. Die jubelnden Bauernmilizen, die in Pskow die byzantinisch geprägte Autokratie des Großfürsten und die Abwehr freiheitlicher westlicher Einflüsse feierten, ahnten wohl nicht, daß sie damit ihr eigenes Schicksal als Leibeigene über Jahrhunderte hinaus fortschreiben würden. Alexander Newski erscheint in der Darstellung Eisensteins und in der Absicht Stalins als Vorläufer Iwans des Schrecklichen, der dreihundert Jahre später die städtische Autonomie Nowgorods für alle Zeit im Blut ersticken würde.

Den deutschen Herausforderern rief der Großfürst Alexander entgegen: So wie den Rittern am Peipussee werde es allen ergehen, »die sich auch nur ein Stück russischer Erde aneignen« wollten.

Zu jener grimmigen Zeit, als das Tatarenjoch auf dem Volk lastete, verlagerte sich das Schwergewicht russischen Lebens von Kiew und dem ukrainischen Dnjepr-Ufer weg in Richtung auf die unwirtlichen Waldzonen im fernen Nordosten. Die goldenen Kuppeln der Klöster von Susdal und Wladimir geben heute noch Kunde von jener christlichen Frömmigkeit, die es der russischen Nation erlaubte, inmitten dieser Wildnis die Mongolenherrschaft zu überdauern. Die orthodoxe Kirche und ihr Klerus wurden seltsamerweise von den Tataren geschont. Sogar ihr Besitz blieb unangetastet.

An dieser Toleranz änderte sich auch nichts, als die Groß-Khane der »Goldenen Horde« – Mongolenfürsten, deren Heerscharen sich mehrheitlich aus türkischen Stammeskriegern zusammensetzten – die Sprache und die islamische Religion dieser Verbündeten übernahmen. Die Großfürsten von Wladimir, sämtlich noch Vasallen der »Goldenen Horde«, sollten nach und nach ihr Schwergewicht auf eine leicht zu verteidigende Palisadenfestung verlagern, der sie den Flußnamen »Moskwa« verliehen.

Die Zeit der asiatischen Fremdherrschaft hat die russischen Historiker intensiv beschäftigt. Wenn die Tributzahlungen ausblieben oder gegenüber den russischen Vasallen der Verdacht der Aufsässigkeit aufkam, sprangen die Tataren der »Goldenen Horde« auf ihre Pferde und suchten die slawische Bauernbevölkerung wie ein Gottesgericht heim. Das christliche Volk flüchtete dann in die Kirchen und suchte Schutz unter dem Kreuz der Popen. Jeder Widerstand wurde von den Mongolen unerbittlich gebrochen. Jede Stadt, die sich ihnen widersetzte, wurde dem Erdboden gleichgemacht. Die Bevölkerung wurde nie-

*Die frühen russischen Maler hielten sich bei ihren Heiligendarstellungen an die strengen Vorschriften des byzantinischen Kanons.*

dergemetzelt oder versklavt. Die Frauen wurden vergewaltigt und entführt.

Es sollte lange Zeit dauern, ehe wagemutige russische Feldherren sich der Vormacht der »Goldenen Horde« entgegenstellten. Eine Wende zeichnete sich ab, nachdem der Rurikiden-Fürst Dmitri Donskoi die asiatischen Reiterheere an den Ufern des Don im Jahr

1380 zum ersten Mal in ihre Schranken wies. Die »Goldene Horde« hatte selbst zum Niedergang ihrer Herrschaft über das europäische Rußland beigetragen. Die Nachfolger Alexander Newskis hatten nach und nach die Stadt Moskau zum Bollwerk russisch-orthodoxer Staatlichkeit ausbauen können. Vom mongolischen Groß-Khan war ihnen die Vollmacht

als oberste Steuereintreiber übertragen worden. Sie gewannen damit eine Vorrangstellung gegenüber allen adligen Rivalen und betrieben eine planmäßige Zentralisierungspolitik.

*

Am Ende dieser mühseligen russischen Wiedergeburt steht die monumentale Gestalt Iwans IV., des Schrecklichen. Sein Krönungsakt im Jahr 1547 in der Mariä-Himmelfahrt-Kirche von Moskau war eine eindringliche Demonstration. Auch dieses Ereignis wurde im Auftrag Stalins von dem Filmregisseur Eisenstein in bombastischer Überhöhung nachvollzogen. Mit der Zobel-Krone, dem Monomach, auf dem Haupt erschien Iwan IV. als Autokrator, als Selbstherrscher nach byzantinischem Vorbild. Schon sein Großvater Iwan III., der eine Nichte des letzten ost-

*Oben: Die goldenen Kuppeln des Kreml erheben sich an der Stelle der Stadtgründung von Moskau.*

*Linke Seite: Eine asiatische Miniatur schildert die Eroberung einer russischen Stadt durch die Reiterheere des Khans Batu.*

römischen Kaisers geheiratet hatte, fühlte sich als Erbe Konstantinopels, das 1453 von den Türken erobert worden war.

Vom Joch der »Goldenen Horde« wurde Rußland um 1480 nicht so sehr durch eigene militärische Leistung, als durch innere Machtkämpfe im tatarischen Lager befreit. Der unerbittliche mongolische Welteroberer Tamerlan oder Timur Lenk hatte dem Groß-Khan Tukhtamisch von Saraij das Rückgrat gebrochen, und die unzähmbaren Krim-Tataren, die erst von Katharina der Großen unterworfen wurden, taten ein übriges.

Mit dem Segen des Moskauer Metropoliten Makarij, dessen Nachfolger Joiv sich bald zum Patriarchen einer autokephalen russischen Kirche proklamieren sollte, konnte Iwan IV. an seinem Krönungstag verkünden, daß Moskau nunmehr das »Dritte Rom« sei und daß es niemals ein »Viertes Rom« geben werde. Er hatte sich nicht nur den Titel eines Kaisers, eines Zaren, zugelegt, sondern schreckte auch nicht davor zurück, seine Genealogie auf Julius Caesar zurückzuführen.

Iwan IV., den man später aufgrund seiner sadistischen Ausschreitungen »den Schrecklichen« nennen sollte, hatte die Schwächen seines Reiches klar erkannt. Die Intrigen der großen Feudalfamilien, der Bojaren, die sich durch die hohen Fellmützen und ihre Arroganz gegenüber dem Thron auszeichneten, wurden das Ziel seines Zorns und seines Vernichtungswillens. Schon bei seiner Ausrufung zum Autokraten hatte Iwan die Schaffung eines ihm total ergebenen Dienstadels beschlossen. Diesen Höflingen oft bescheidener Herkunft wurden ein großer Teil des immensen Grundbesitzes der Bojaren und die Masse der

*Wie kaum ein anderer hat Iwan IV., genannt »der Schreckliche«, die russische Geschichte geprägt. Im Russischen heißt dieser Zar übrigens Iwan »Grosny«, »der Gestrenge«.*

Leibeigenen übertragen – sehr zum Leidwesen der betroffenen Landbevölkerung.

Als militärische Großtat Iwans des Schrecklichen ist die Eroberung der Tataren-Hochburg Kasan an der oberen Wolga in die Geschichte eingegangen. Diesem Feldzug war eine gründliche strategische Erneuerung der bisherigen russischen Kriegshaufen vorangegangen. Iwan IV. schuf die Truppe der Strelitzen, die im weiteren Verlauf der russischen Geschichte eine so verhängnisvolle Rolle spielen sollten. Hinter den Popen mit ihren Heiligen-Ikonen traten die Strelitzen den Vormarsch auf das Khanat von Kasan an. Sie führten Kanonen mit sich und bewirkten damit eine strategische Wende von historischer Bedeutung. In Zukunft würden die Steppenvölker Asiens bei ihrem Ansturm gegen die Macht der Zaren dank der russischen Artillerie keine Siegeschancen mehr besitzen.

Mit Hilfe deutscher Sprengmeister wurde denn auch jene gewaltige Explosion ausgelöst, die die Erstürmung der Tataren-Festung Kasan ermöglichte. Die Soldaten Iwans des Schrecklichen hatten im Zeichen des Kreuzes die jahrhundertlange Herrschaft der islamisch-türkischen Wolga-Khanate gebrochen. Im Anschluß sollten sie auch noch die Khanate von Astrachan am Kaspischen Meer und von Sibir, jenseits des Ural, erobern. Die ganze Weite Nord-Asiens war jetzt dem russischen Zugriff ausgeliefert. Ein beachtlicher Teil des tatarischen Adels – zum christlich-orthodoxen Glauben bekehrt – wurde zur unentbehrlichen Stütze des Moskauer Throns. Sogar in den Adern der künftigen Zaren sollte mongolisch-türkisches Blut fließen.

Nach der grandiosen Verherrlichung Iwans IV., die 1944 im Auftrag Stalins von Eisenstein vorgenommen

wurde, entfalten die russischen Filmemacher von heute, die liberalen Anhänger einer antistalinistischen Glasnost, im Jahr 1992 ein ganz anderes Porträt des Mannes, den man im Westen »den Schrecklichen« nennt, den die Russen mit dem Wort »Grosny« als den »Gestrengen« bezeichnen.

Der moderne Film zeigt jene Bande blutrünstiger Mörder, die »Opritschniki«, eine fürchterliche und allmächtige Geheimpolizei, die vor keiner Greueltat im Dienste des Zaren zurückschreckte. Die Terrorgruppe der »Opritschnina« fiel mit Mord und Totschlag, mit entsetzlichen Folterungen und ständiger Bedrohung über die echten oder vermeintlichen Feinde Iwans IV. her. Zu Recht sieht man in ihr die Vorläuferin der »Tscheka« oder der »GPU«, die zur Zeit Lenins und Stalins den Sowjetstaat mit furchtbarer Repression heimsuchten. Die »Opritschniki« wa-

*Mit der Eroberung des islamischen Bollwerks Kasan setzte Iwan der Schreckliche der tatarischen Herrschaft über die Wolga-Region ein Ende und öffnete das Tor nach Sibirien.*

*Dem zürnenden Zaren Iwan, der sich in ein Kloster bei Moskau zurückgezogen hatte, unterwarf sich das fromme russische Volk in einer langen Bittprozession.*

ren Angehörige jenes neuen Dienstadels, der nunmehr die einst allmächtigen Bojaren das Fürchten lehrte.

Mit dem ihr zugewiesenen Landvolk, mit den Leibeigenen, ging diese neue Hofkaste noch viel rücksichtsloser um als die altangestammte Aristokratie. Die traditionellen urslawischen Dorfstrukturen der »Obschtschina« und des »Mir« wurden der Willkür der neuen Feudalherren ausgeliefert. In Gegenwart des Zaren wurden die grausigsten Folterungen vorgenommen. Die ehemals freie Stadt Nowgorod wurde im Zuge eines ansonsten gescheiterten Feldzuges gegen das Baltikum von den zaristischen Horden niedergebrannt, die Bevölkerung getötet oder nach Sibirien verbannt.

Die erste Moskauer Druckerei eines gewissen Iwan Fjodorow, des »russischen Gutenberg«, wie man ihn

nennt, wurde von der Geheimpolizei zertrümmert, wieder eine Anspielung auf die gnadenlose Zensur des bolschewistischen Systems im zwanzigsten Jahrhundert. Die »Opritschniki« waren an zwei Symbolen zu erkennen: dem Hundekopf am Sattel und dem Besen, den ihre Pferde hinter sich schleiften. Zu diesen Greueltaten paßt es im übrigen, daß Iwan der Schreckliche in einem seiner wahnwitzigen Wutanfälle den eigenen Sohn ermordete und auch hier einen schrecklichen Präzedenzfall für spätere Zaren schuf.

Iwan IV. – von den Bojaren bedrängt und vom Klerus verflucht – zog sich in das abgeschiedene Kloster von Alexandrowskaja Sloboda bei Moskau zurück. Nur ein paar Getreue sind mit ihm in diese Klausur gegangen. Hat das russische Volk, das er so grausam peinigte, diesem blutrünstigen Autokraten endgültig den Rücken gekehrt? Aber nein, das Volk

*Die schwarzgewandeten Schreckensgestalten der »Opritschnina«, die grausamen Folterknechte Iwans IV., suchten das Volk und auch die Bojaren mit einem Terror heim, der später Josef Stalin inspirieren sollte.*

ist dem Zaren treu geblieben. In unendlicher Kolonne nahte die Moskauer Bevölkerung mit seinen Heiligen-Ikonen und Standarten. Es pilgerte zum Alleinherrscher über das »Dritte Rom« und fiel vor ihm im Schnee auf die Knie. Das Reich brauchte offenbar einen strengen Zuchtmeister. Die Untertanen bedurften wohl der Knute, so lautet die Lektion dieses erstaunlichen Spektakels.

\*

Josef Stalin fühlte sich als Erbe, als Testamentsvollstrecker Alexander Newskis und Iwans des Schrecklichen. Mit einer neuen, der »Roten Armee«, hatte er sich – wie alle großen Zaren – das Instrument seiner Machtpolitik geschaffen. Mit dem Sieg des Marxismus-Leninismus und einer lückenlosen Kollektivierung in Wirtschaft und Staat schuf er jene totale gesellschaftliche Veränderung, von der seine Vorläufer nur träumen konnten.

Der politische Terror war auch in den langen Jahren des Stalinismus unentbehrliches Instrument der kommunistischen Autokratie. Tscheka und GPU, die gefürchteten, allmächtigen Unterdrückungsapparate des Kommunismus, bewegten sich – wie erwähnt – auf den Spuren der berüchtigten »Opritschnina« Iwans IV. Die Schauprozesse von Moskau wurden zur unerträglichen Tribüne der Demütigung, der Selbstverleugnung ehemaliger kommunistischer Weggefährten, die der rote Tyrann nun als Verräter liquidieren ließ.

Als Hitler 1941 in Rußland einfiel, kamen die deutschen Soldaten – von den Ukrainern anfangs als Befreier vom bolschewistischen Terror begrüßt – nicht

*Rechte Seite: Josef Stalin, der gefürchtete Georgier, läßt sich inmitten jubelnder Kinder als »Völkervater« porträtieren.*

*Mit allen Zeichen der Trauer und der Bestürzung nimmt die Moskauer Bevölkerung die Nachricht vom Tode Stalins im März 1953 auf.*

wie die wohlwollenden Waräger des Fürsten Rurik im frühen Mittelalter. Die SS – verblendet vom nazistischen Rassenwahn – fühlte sich als nordische Herrenrasse, voll Verachtung für die minderwertigen Slawen. Die geballte Reaktion des russischen Patriotismus ließ nicht auf sich warten. Stalin stellte jetzt ganz bewußt eine Verbindung zu Alexander Newski her, der die erobernden Deutschritter im dreizehnten Jahrhundert geschlagen hatte. Nicht am Peipussee, sondern an der Wolga, bei Stalingrad, wurde die großdeutsche Wehrmacht vom Schicksal ereilt und taumelte von nun an in den Untergang.

Die endlosen Kolonnen deutscher Kriegsgefangener nach der Kapitulation des Jahres 1945 könnten aus einer Eisenstein-Inszenierung stammen. Ebenso die symbolische Erniedrigung der Feldzeichen mit dem Hakenkreuz, der Fahnen und Standarten des geschlagenen Dritten Reiches durch Soldaten der Roten Armee.

Kein Wunder, daß der »Völkervater« Stalin sich von den Massen der Sowjetunion und deren Satelliten mit einer Unterwürfigkeit huldigen ließ, die an byzantisches Hofzeremoniell erinnerte. Die Ideologen des dialektischen Materialismus, die Künder der radikalen Gottlosigkeit hatten ihren neuen Ikonenkult entworfen und feierten in endlosen Prozessionen die Heiligen der Weltrevolution.

Als der Tyrann Josef Stalin am 5. März 1953 starb, erstarrte ganz Rußland in Trauer und Verzweiflung. Zu Hunderttausenden drängten sich die Moskowiter auf dem Roten Platz, um tränenreichen Abschied von dem Mann zu nehmen, der annähernd dreißig Millionen Sowjetbürger zum Tod durch Erschießen oder durch Verhungern im Gulag verurteilt hatte. Seit Iwan dem Schrecklichen war sich dieses Volk auf seltsame Weise treu geblieben. Das Kreuz der Orthodoxie hatte Rußland vorübergehend durch Hammer und Sichel ersetzt. Aber die Knute der staatlichen Unterdrückung war offenbar die gleiche geblieben wie zur Zeit des Tatarenjochs.

# Zeit der Wirren – Zeit des Ruhms

*Im Jahr 1612 erhob sich das Volk von Moskau gegen die verhaßte katholische Fremdherrschaft und vertrieb die polnische Garnison aus dem Kreml.*

*Rechte Seite: Boris Godunow ist als tragische Gestalt in die Geschichte eingegangen. Von den Bojaren wurde dieser Emporkömmling aus dem Dienstadel zum Zaren erwählt, von den Bojaren wurde auch seine Nachkommenschaft ermordet.*

Moskau im Winter 1598. In endloser Prozession bewegt sich das Volk auf das Kloster Nowodjewitschi zu. Es fordert einen neuen Zaren. Iwan der Schreckliche ist erst vierzehn Jahre tot. Aber schon bricht das Moskowiter-Reich aus den Fugen. Für Rußland ist die Periode der Wirren, ist die »Smuta« ausgebrochen.

Es herrscht die zarenlose, die schreckliche Zeit, und das Volk sehnt sich nach einem neuen Despoten.

Aus den Intrigen des Kreml, aus den Machtkämpfen des Adels geht an diesem Wintertag 1598 Boris Godunow, ein Verwandter Iwans des Schrecklichen, als Sieger hervor. Vierzehn Jahre lang hat er das russische Imperium als Regent verwaltet. Jetzt soll er zum Zaren, zum Autokrator von göttlichen Gnaden, gekrönt werden. Dabei entstammt Boris Godunow einer relativ bescheidenen Adelsfamilie. Er soll sogar tatarischer Abstammung sein, und somit hievt sich ein ferner Abkömmling der »Goldenen Horde« – wohlweislich zum orthodoxen Christentum bekehrt – auf den Thron des »Dritten Rom«.

Die Dynastie der Rurikiden – die Erben jener Wikinger oder Waräger skandinavischen Ursprungs – die sechshundert Jahre lang Rußland zusammengefügt hat, nimmt damit ihren Abschied von der Geschichte.

*Während der »Smuta«, der Zeit der Wirren, wurde Rußland von Bürgerkrieg, Bauernaufständen, Tataren-Einfällen und einer mörderischen Pest heimgesucht. Der Weltuntergang schien nahe.*

Bei der Krönung Boris Godunows entfaltete die russisch-orthodoxe Staatskirche ihren ganzen byzantinischen Pomp. Seit zehn Jahren steht nicht mehr ein bescheidener Metropolit, sondern ein selbständiger, mächtiger Patriarch an der Spitze dieser einflußreichen Klerisei. Boris Godunow ist über die gefürchtete, die grausame Staatspolizei Iwans des Schrecklichen, über die »Opritschnina«, nach oben, an die Spitze des Staates gelangt. Das werden ihm die hochadligen Bojaren, die »Knjasen«, niemals verzeihen, deren Ränkespiele auch vor dem gesalbten Zar Boris nicht haltmachen. Zudem geht der Verdacht um, Boris Godunow habe als Regent den rechtmäßigen Zarewitsch Dmitri, den Sohn Iwans IV., im frühen Kindesalter ermorden lassen. Der Schatten des kleinen toten Dmitri soll dem neuen Autokrator zum Verhängnis werden.

Die »Smuta«, die Zeit der Wirren, nimmt mit der Krönung Boris Godunows keineswegs ein Ende. Das russische Reich, so glaubt das Volk, stehe unter einem furchtbaren göttlichen Fluch.

Da sind vor kurzem die Tataren der Krim unter dem gefürchteten Khan Devlet-Gerais bis in die Nachbarschaft Moskaus brennend und plündernd vorgedrungen. Die Hauptstadt wird von einer schrecklichen Pest heimgesucht, und so weit der Blick reicht, werden Massengräber ausgehoben. Unter der Knute Iwans IV. hatte Rußland sich als Großmacht etablieren wollen, und »der Schreckliche« betrachtete sich bereits als legitimer Nachfolger der Kaiser von Byzanz. Konstantinopel war hundert Jahre zuvor dem türkisch-osmanischen Ansturm erlegen. Jetzt löste sich das Moskauer Imperium in Selbstzerfleischung und Katastrophen auf. Das Ende der Zeiten schien gekommen.

Ein junger entlaufener Mönch wurde zur Schicksalsfigur. War er ein skrupelloser Betrüger, oder erlag er tatsächlich der Halluzination, der verschwundene Zarensohn Dmitri zu sein, der rechtmäßige Erbe Iwans IV.? Jedenfalls begann etwa um 1600 das unglaubliche Abenteuer des falschen Zarewitsch Dmitri. Der ehemalige Mönch flüchtete zu den Todfeinden des orthodoxen Rußland, zu den katholischen Polen, und wurde in Krakau am Hof des Königs Sigismund als rechtmäßiger Anwärter auf den Moskauer Thron gefeiert.

Zu jener Zeit erschien das Königreich Polen – seit mehr als zweihundert Jahren mit dem Großherzogtum Litauen in Personalunion verbunden – noch als bestimmender Machtfaktor in Osteuropa. Nicht nur ganz Weißrußland, das heute Bjelarus genannt wird, war dem polnischen Staat einverleibt. Auch der größte Teil der Ukraine mitsamt Kiew, der »Mutter der russischen Städte«, war von den Polen und Litauern annektiert worden. Dieses Reich hatte sich allmählich zu einer Adelsrepublik entwickelt, die sich ihre Könige sehr selbstherrlich aussuchte. Die polnisch-litauische Macht reichte auf dem Höhepunkt ihres Ruhms von der Ostsee bis zum Schwarzen Meer.

Der falsche Dmitri verwandelte sich schnell und scheinbar mühelos in einen polnischen Höfling. Er ging so weit, seinen Übertritt zur römisch-katholischen Kirche zu vollziehen. Dabei hätte er wissen müssen, daß die polnische Vorherrschaft in der Ukraine und Westrußland nicht so sehr am völkischen Gegensatz scheitern mußte, sondern an der tödlichen Feindschaft zwischen dem päpstlichen Katholizismus und der russisch-byzantinischen Orthodoxie.

In Moskau spielten sich unterdessen Szenen des Grauens ab. Mit unerbittlicher Tortur versuchte Boris Godunow, die Feindschaft der Bojaren zu brechen. An der Spitze der Opfer, die aufs Rad geflochten oder verbrannt wurden, befand sich die vornehme Knjasen-Familie der Schuskij, die für einen der Ihren, Wassilij, die Zarenwürde beanspruchte.

Doch die wirklich aufstrebende Kraft im Moskowiter-Reich war die relativ bescheidene Adelssippe der Romanow. Ihr winkte eine große dynastische Zukunft. Im Jahr 1600 wurde ihr jedoch von Boris Godunow der Prozeß gemacht. Die Romanows wurden der schwarzen Magie und der Zauberei bezichtigt.

Während dieser Wirren verzweifelte das ohnehin armselige Volk der Leibeigenen und Geknechteten. Es war die Zeit der streunenden Leute, der Landflüchtigen, die in den Steppen der Ukraine und in den

Weiten Sibiriens nach einem Minimum an Freiheit und Menschenwürde suchten. Oft schlossen sie sich den wilden Reiterhaufen der Kosaken an, die – aus heutiger Zeit betrachtet – ein durchaus sozialrevolutionäres Ferment darstellten.

Kein Wunder, daß die polnischen Heere – von deutschen Landsknechten unterstützt – ziemlich mühelos auf das Herz des Heiligen Rußlands zumarschieren konnten. Im Gefolge des katholischen Königs ritt der russische Thronprätendent, der falsche Zarewitsch Dmitri. Die von Iwan dem Schrecklichen aufgestellte Truppe der Strelitzen – an ihren roten Uniformen zu erkennen – war der polnischen Reiterei nur in den seltensten Fällen gewachsen.

Im Kreml ging die dynastische Tragödie weiter. Boris Godunow – wegen der Ermordung des echten

*Der falsche Zarewitsch Dmitri, ein entlaufener Mönch, trat zum katholischen Glauben über und versuchte mit polnischer Hilfe die russische Thronwürde zu usurpieren.*

*Die erbitterte Feindschaft unter den großen Adelsfamilien führte immer wieder zu grausamen Hinrichtungsszenen und Folterungen. So wurden Angehörige der späteren Zarendynastie der Romanow der schwarzen Magie bezichtigt.*

Zarewitsch Dmitri vom Gewissen geplagt, mehr und mehr von fürchterlichen Zwangsvisionen verfolgt – verfiel in einen qualvollen Todeskampf. Seine Kinder wurden unmittelbar nach seinem Ende von einer Bojarenclique massakriert. Auf dem Schlachtfeld feierte der falsche Dmitri einen kurzlebigen Triumph. Mitten im Gefecht liefen die bewaffneten russischen Bauernhaufen und Kosaken zu ihrem Pseudo-Zarewitsch über und vertrauten sich dem vermeintlichen Sohn Iwans des Schrecklichen an. An der Spitze der polnischen Reiter und der katholischen Geistlichkeit zog Dmitri in den Kreml von Moskau ein. Rußland, so schien es, war nur noch ein Protektorat unter Krakauer Hegemonie. Der Weg stand scheinbar offen für die Bekehrungskampagne des Jesuitenordens, der im Auftrag Roms das alte Kirchen-Schisma überwinden sollte.

Das konnte nicht gutgehen. Das fromme russische Volk blieb der griechischen Orthodoxie und dem prawo-slawischen Glauben treu. Es folgte dem Aufruf seines Patriarchen, stürmte den Kreml und bereitete dem Usurpator Dmitri ein schreckliches Ende. Doch erst im Jahr 1612 sollte die letzte polnische Garnison die Moskauer Festung endgültig räumen und die Flucht nach Westen antreten.

\*

Die »Smuta« war damit noch nicht überwunden. Das Land versank in Aufstand und Chaos. Die Kosaken waren zur treibenden Kraft permanenter Unruhe und Auflehnung geworden. In Moskau hatte zwar ab 1613 die neue Dynastie der Romanow Krone und Zepter an sich gerissen und sollte tatsächlich dreihundert Jahre lang bis zur Ermordung des letzten Zaren Nikolaus II. im Jahr 1918 das Heilige Rußland regieren. Aber die Anarchie auf dem Lande wurde durch eine neue unerbittliche Gesetzgebung angeheizt. Die sogenannte »Uloschenie«, ein strenger Agrarkodex, suchte die Masse der Leibeigenen heim, erschwerte ihre ohnehin erbärmlichen Lebensbedingungen, unterwarf sie der Willkür der Gutsherren und band sie endgültig an die Scholle. Diese totale Knechtung sollte bis in die Mitte des neunzehnten Jahrhunderts andauern.

Die Kosaken erweiterten unterdessen den russischen Lebensraum bis zur pazifischen Küste in Ostasien, bis zum Amur an der Nordgrenze Chinas. In der Ukraine bekämpften sie die polnischen Feudalherren und die tatarischen Horden. Schließlich rafften sie sich noch einmal unter Führung des Hetman

*Als Warnzeichen der Adelsherrschaft nach Volksaufständen und Bauernerhebungen gaben Flöße mit Gehenkten, die auf den russischen Flüssen trieben, Kunde von der Willkürherrschaft des Adels über die Leibeigenen.*

Stenka Rasin zum Entscheidungskampf gegen den zweiten Romanow-Zaren Alexej, den Vater Peters des Großen, auf.

Es bedurfte der gesamten Kraftanstrengung der neuen Dynastie, des Aufgebots der Strelitzen und des vom Thron begünstigten Adels, um den Rebellen Rasin mitsamt seinen marodierenden Haufen zu vernichten. Ein Teil der Kosaken wurde später durch Erhebung ihrer Anführer in den Adelsstand als künftige Stütze des Throns der Romanow gewonnen. Diese Reitertruppe fungierte von da an als solidester Rückhalt des Imperiums.

Zu der Auseinandersetzung um Thron und Krone gesellte sich immer wieder der Streit um die christliche Rechtgläubigkeit. Unter dem zweiten Romanow-Zaren Alexej, einem zutiefst frommen Mann, kam es zur Kirchenspaltung. Patriarch Nikon hatte die altslawi-

schen Texte auf ihre theologische Reinheit geprüft und eine Ausrichtung auf die streng griechische Überlieferung in der Liturgie angeordnet. Damit sollte die Kontinuität zwischen dem »Zweiten« und dem »Dritten Rom« untermauert werden. Statt dessen löste Nikon den Protest der Traditionalisten, an ihrer Spitze der Protopop Avvakum, aus. Es kam zum »Raskol«, zum Schisma, zu einer Kirchenspaltung, die bis heute andauert. Über die Raskolniki, die Altgläubigen der prawo-slawischen Überlieferung, konnte Patriarch Nikon triumphieren. Aber dann stellte er sich gegen den Zaren. Er wollte die weltliche Herrschaft der kirchlichen Oberhoheit unterordnen.

Nikon, der gelegentlich mit dem römischen Papst Gregor VII. im Investiturstreit mit Kaiser Heinrich IV. verglichen wird, unterlag der neu erstarkten Macht der Romanow. Sein Anspruch auf Theokratie

*Die selbstherrliche Kirchenpolitik des Patriarchen Nikon löste die Abspaltung der Sekte der Altgläubigen aus und verwickelte ihn in einen Machtkampf mit dem Romanow-Zaren Alexeij.*

*In der Maria-Himmelfahrt-Kirche des Moskauer Kreml wurden sämtliche Zaren Rußlands bis hin zu Nikolaus II. gekrönt.*

wurde verworfen, er selbst in ein fernes Kloster am Weißen Meer verbannt.

Die Altgläubigen, die Gegner der Nikonschen Kirchenreform, haben trotzdem nicht aufgegeben. Sie verschanzten sich in eifernder Frömmigkeit und tugendhafter Askese. Unter dem Einfluß ihrer exaltierten Prediger schlossen sich viele von ihnen in ihren Kirchen ein, steckten sie in Brand und erlitten auf dem selbstbereiteten Scheiterhaufen das Martyrium.

Die Zeit der »Smuta« wurde von vielfältigen Zeichen mystischen, ja apokalyptischen Wahns begleitet.

Mit Absicht haben wir der »Zeit der Wirren« in dieser Chronik einen besonderen Platz eingeräumt. Wie anfangs erwähnt, fühlen sich manche Russen von heute in diese von der Außenwelt oft ignorierten Zeit des blutigen Interregnums und der nationalen Demütigungen zurückversetzt. Zu Unrecht übrigens, denn

die russische Föderationsrepublik, die aus dem Zusammenbruch der Sowjetunion hervorging, stellt immer noch einen gewaltigen Machtfaktor und – bis auf weiteres – eine erdrückende eurasiatische Landmasse dar.

Immerhin geht von der »Smuta« eine Lehre für die russische Gegenwart aus. Wie das Moskowiter-Reich sich nach dem Absterben der Rurikiden-Dynastie und der Besetzung des Kreml durch die Polen in erstaunlich kurzer Frist wieder zu einem kohärenten Imperium, zu einem Machtfaktor ersten Ranges zurückentwickelte, so könnte im postkommunistischen Rußland eine Art patriotischer und nationaler Renaissance stattfinden. Die Voraussetzungen dafür sind jedenfalls vorhanden.

Damals, im siebzehnten Jahrhundert, war es die junge Dynastie der Romanow, die die Tradition des

*Ein Bittgottesdienst wird zu Ehren des ersten Romanow-Zaren Michail abgehalten.*

»Dritten Rom« und die »Sammlung russischer Erde« wieder aufnahm. Daß es zur Bojaren-Entscheidung zu Gunsten des Romanow-Anwärters Michail überhaupt hatte kommen können, lag vor allem daran, daß sein Vater, nachdem er dem weltlichen Leben entsagt hatte, unter dem Namen Filaret zum Patriarchen der russisch-orthodoxen Kirche aufgestiegen war. An der Wiege dieser neuen monarchischen Linie, die bis in unsere Gegenwart reichte, steht also wieder einmal die für Muskowien so typische Allianz zwischen Thron und Altar.

Die unerträgliche Demütigung, als die die Eroberung Moskaus und des Kreml durch die katholischen Polen vom russischen Volk während der »Smuta« empfunden wurde, hat mit Sicherheit auch jene Kräfte mobilisiert, die im Laufe des achtzehnten Jahrhunderts die systematische Unterwerfung, dann die totale Aufteilung der polnischen Adelsrepublik betrieben. Hier wurde eine Erbfehde ausgetragen, deren Nachwirkungen später die brutale Repressionspolitik der Romanow-Zaren im neunzehnten Jahrhundert gegen die diversen Warschauer Aufstände geprägt hat. Die nationale Wiedergeburt Polens, das sich der eigenen Nationalhymne getreu – nie verloren gab, wurde in unseren Tagen anläßlich der allmählichen Zerbröselung kommunistischer Macht zu einem der entscheidenden Faktoren beim Niedergang des Sowjet-Imperiums.

Aber blicken wir zurück auf jene Epoche, in der die ersten Autokraten der Romanow-Dynastie mit Geduld und Geschick die russische Staatsautorität wiederherstellten. Auf die Zeit der Wirren folgte nun die Zeit des Ruhms, denn nach dem Tod des Zaren Alexej im Jahr 1676 begann unter schrecklichen Prüfun-

gen und anfänglichen Rückschlägen der kometenhafte Aufstieg jenes Mannes, dem Rußland so unendlich viel verdankt. Es schlug die Stunde Peters des Großen.

An dieser Stelle sei es uns erlaubt, wiederum eine Projizierung in die Gegenwart vorzunehmen. Wenn das aus dem Untergang der Sowjetunion hervorgegangene Rumpf-Rußland zur überlieferten Größe, zur Weltgeltung zurückfinden soll, so meinen viele russische Bürger, so bedarf es nicht eines wirren demokratischen Pluralismus, eines aus dem Westen entliehenen parlamentarischen Systems, für das in Moskau alle historischen und psychologischen Voraussetzungen fehlen.

Das Land wartet angeblich auf einen neuen Alleinherrscher, auf einen Retter, der der Statur Peters I. nahekäme. Dabei kann man nur hoffen, daß dieser

*In einer ersten Phase der Herrschaft mußte Peter I., später »der Große« genannt, den Thron mit dem Doppeladler mit seinem Halbbruder Iwan V. teilen.*

Autokrator, falls er den Russen beschert werden sollte, nicht nur ein aufgeklärter, sondern auch ein wohlwollender »Despot« wäre, der dem Land Segen bringt.

*

Doch versetzen wir uns zurück in die zweite Hälfte des siebzehnten Jahrhunderts, als in Moskau wieder einmal die monarchische Erbfolge umstritten war.

Am Anfang des großartigsten Kapitels der russischen Geschichte brodelt das Chaos. Die rotuniformierten Strelitzen-Regimenter, die Iwan der Schreckliche einst als Stütze des Zarenthrons aufgestellt hatte, sind zu einer unkontrollierbaren Soldateska verkommen. Die aufrührerische Sekte der Altgläubigen ist in dieser Truppe stark vertreten. Der zweite Zar der jungen Romanow-Dynastie, Alexej Michailowitsch, ist im Alter von dreiundvierzig Jahren überraschend gestorben. Die Nachfolge ist umstritten, und die Bojaren-Familien spinnen ihre mörderischen Intrigen.

Zwei Söhne, zwei Halbbrüder, Iwan und Peter, stehen sich als kindliche Rivalen gegenüber, und hinter ihnen formieren sich die Angehörigen der jeweiligen Mütter, die Sippe der Miloslawskij auf der einen und der Clan der Naryschkin auf der anderen Seite. Eine resolute Frau, die Zarentochter Sophija, reißt das Heft an sich, stützt sich auf die ihr gewogenen Rotten der Strelitzen, läßt sich als Regentin proklamieren.

Mit knapper Not entrinnt der Zarewitsch Peter, der spätere Peter der Große, dem Massaker durch diese bewaffnete Horde. Er erlebt jedoch aus nächster Nähe die Ermordung seiner engsten Verwandten, die

*Peter I. an der Spitze seiner »Spielzeugregimenter«.*

sämtlich dem Geschlecht seiner Mutter Natalja Naryschkina angehören.

Von diesem traumatischen Erlebnis des zehnjährigen Thronfolgers soll der Haß herrühren, mit dem Peter der Große sein ganzes Leben lang die Arroganz

der feindseligen Bojaren und die rohe Gewaltanma-
ßung der Strelitzen verfolgen sollte.

Unter der Regentschaft der Zarewna Sophija kam ein brüchiger Kompromiß zustande. Zwei Zaren wurden nebeneinander inthronisiert. Iwan V. war zwar fünf Jahre älter als sein Halbbruder Peter. Doch seine kränkliche Debilität entging auch seinen Anhängern nicht. Neben diesem Schwächling behauptete sich Peter I., der aus einem ganz anderen, ungeheuer robustem Holz geschnitzt war. Seine mütterliche Familie, die Naryschkin, war tatarischer Abstammung.

*Linke Seite: Ein Ukas des Zaren Peter des Großen ordnet westeuropäische Modekleidung und das Abschneiden der Bärte an.*

Vor versammelter Bojaren-Runde mußten diese beiden jungen Zaren zuhören, wie der Sprecher der Bojaren mit lauter Stimme einen anklagenden Brief verlas. Darin beschwerte sich der orthodoxe Patriarch von Jerusalem über den mangelnden Glaubenseifer der Russen. Der Zarenthron fahre fort, den jährlichen Tribut an den mohammedanischen Khan der Krim-Tataren zu zahlen und erniedrige sich damit zum indirekten Vasallen des türkisch-osmanischen Sultans und Kalifen.

Unter der Regentschaft seiner älteren Halbschwester Sophija hatte Peter sich aus der erstickenden und verschwörerischen Atmosphäre des Kreml aufs Land zurückgezogen, in das Dorf Preobraschenskoje, und entfaltete dort als Halbwüchsiger eine erstaunliche Tätigkeit. Er stellte, von den Bojaren des Hofes belächelt, zwei sogenannte Spiel-Regimenter auf, denen er europäischen Drill und europäische Kriegführung beibringen wollte, obwohl diese minderjährigen Rekruten anfangs noch mit Holzgewehren exerzierten. Aus den beiden Spiel-Regimentern sollte später die Kaiserliche Garde hervorgehen.

Andererseits war der junge Peter von der Ausländersiedlung am Rande Moskaus fasziniert, »Deutsches Dorf« oder »Nemezkaja Sloboda« genannt. Dort hatte sein Vater – unter dem Einfluß des Patriarchen – all jene Fremden und Ketzer versammelt, die dem russischen Wesen und der heiligen Orthodoxie nicht konform waren und deren modernistischen Einfluß es einzudämmen galt.

Im »Deutschen Dorf« traf Peter unter den ausländischen Kaufleuten, Handwerkern, Abenteurern und Glücksrittern auf eine durch und durch westliche Gesellschaft, die ihn begeisterte und zur Nachahmung anregte. Er fand dort zwei seiner zuverlässigsten Gefolgsleute, den schottischen General Patrick Gordon und den Genfer Lebemann Franz Lefort. Im »Nemezkaja Sloboda« wandte der später »große« Zar den finsteren Hofbräuchen der Moskowiter den Rücken. Es erschloß sich ihm eine heitere, vom späten Barock geprägte Gesellschaft, die in aller Bescheidenheit einen Abglanz westlicher Sitten vermittelte.

Hier entspann sich auch sein Verhältnis zu der jungen Deutschen Anna Mons, die lange Jahre hindurch seine »Maîtresse en titre« bleiben sollte.

Unterdessen wurden in Moskau neue Komplotte geschmiedet. Dieses Mal gelang es Peter, einen Teil der Strelitzen auf seine Seite zu ziehen. Er unterzog seine politischen Gegner qualvollen Verhören, bevor er sie hinrichten ließ, und legte dabei eine Grausamkeit an den Tag, der später auch sein eigener, störrischer Sohn Alexej zum Opfer fallen sollte. Die Regentin Sophija, die er hinter der Verschwörung vermutete, wurde in das Kloster Nowodjewitschi verbannt.

Von nun an war er, Peter I., Zar aller Reussen und Autokrator von Gottes Gnaden. Mit äußerster Irritation lauschte er im Bojaren-Rat den Vorwürfen des Patriarchen Joakim, der die frivolen Sitten des »Deutschen Dorfes« und die dort herrschende Abweichung vom wahren russischen Glauben verfluchte. Einst sei Moskau das »Dritte Rom« gewesen, jetzt sei es zum zweiten Sodom und Gomorrha verkommen. An die-

*Rechte Seite: Bis auf den heutigen Tag ruhen die Fundamente des russischen Staates auf den Leistungen und Eroberungen Zar Peters des Großen.*

sem Tag, als er den Patriarchen in seine Schranken wies, hatte der junge Zar wohl schon beschlossen, die höchste Moskauer Kirchenwürde abzuschaffen und durch einen gefügigen Synod der Bischöfe zu ersetzen.

Sehr früh hatte Peter seine Leidenschaft für den Schiffbau entdeckt. Der junge Zar wollte Rußland nicht nur die Rolle einer Weltmacht zuweisen. Sein höchster Traum war es, die ungeheure kontinentale Masse seines Reiches mit einer starken Hochseeflotte auszustatten. Der einzige Hafen, über den Rußland damals verfügte, befand sich im äußersten Norden, in Archangelsk. Dorthin ließ sich Peter auf seinen Galeeren rudern. Seine Begeisterung kannte keine Grenzen, als er an der Mündung der Dwina ins Weiße Meer die ersten Hochseeschiffe mitsamt ihrer geballten Artillerie entdeckte. Da Archangelsk die meiste Zeit des Jahres über durch Packeis blockiert war, mußte er nach offenen Häfen Ausschau halten, neue Küsten erobern, um das Fenster nach Europa, das Fenster zum Meer aufzustoßen.

In Moskau verfügte der Zar mit einer Entschlossenheit, die zwei Jahrhunderte später vielleicht Kemal Pascha, den Schöpfer der modernen Türkei, inspirieren sollte, die Einführung westlicher Moden und westlicher Sitten. Die alten Bräuche wurden durch gebieterischen Ukas umgekrempelt, die russischen Bojaren in Spitzen-Jabots gezwängt. Die Bärte mußten abrasiert werden. Der »Terem«, das Harem-ähnliche Frauengemach, wurde abgeschafft. An die Stelle weiblicher Abgeschiedenheit trat das frivole Menuett. Man trug jetzt bei Hof Perücken und Krinolinen. Diese Abschaffung altangestammter Bräuche, vor allem der Verzicht auf die »Gottvater-ähnliche«

*Peter der Große besichtigt den Hafen Archangelsk am Weißen Meer.*

Würde des Vollbarts, vollzog sich natürlich nicht ohne Verwünschungen und Widerspruch bei Adel und Volk. Die Popen munkelten von der Ankunft des Antichrist.

Seinen ersten Feldzug führte Zar Peter gegen die Türken. Er wollte den Zugang zum Schwarzen Meer erzwingen. Im Jahr 1696 kapitulierte die Festung Asow nach wechselvollen Kämpfen. Die russische Artillerie hatte sich zum erstenmal gegen eine Großmacht bewährt. Der junge Feldherr, der sich als »Bombardier Peter« anreden ließ, genoß seinen Triumph. Die Türken waren zu jener Zeit durchaus ernstzunehmende Gegner. Knappe dreizehn Jahre vor der Eroberung Asows hatten die Heere des Sultans vor den Mauern von Wien gestanden und das »Heilige Römische Reich« in seinen Herzlanden bedroht.

*Im großen Nordischen Krieg erlitten die Russen zunächst eine vernichtende Niederlage gegen die Schweden bei Narwa.*

Den unermüdlichen Herrscher – Puschkin sollte ihn das »kaiserliche Arbeitstier« nennen – trieb es nach Westen. Er schloß sich als bescheidener Höfling unter dem Namen Pjotr Michailowitsch einer russischen Delegation an, die mehrere Hauptstädte und Höfe Europas besuchen wollte. Natürlich war das Anonymat fadenscheinig, aber es erlaubte dem Zaren, der zutiefst unkonventionell und protokollfeindlich veranlagt war, jenen anspruchslosen Lebensstil, der ihm lieb war, auch in der Fremde zu pflegen. Diesem Hang zur Einfachheit entsprach später wohl auch seine dauerhafte Verbindung mit einer livländischen Magd, die durch Peter zur rechtmäßigen Zarin erhoben wurde

und die ihm schließlich als Katharina I. auf dem Thron nachfolgen durfte.

Bei seiner Reise durch Mittel- und Westeuropa ging es Peter I. vor allem um den unmittelbaren Kontakt zum aufstrebenden Bürgertum, zu den Handwerkern und Kaufleuten, denen sein ganzes Interesse galt. Die Geschichte vom »Zar und Zimmermann« ist weit mehr als ein Operntitel. In Holland, das er als Seefahrernation besonders schätzte, arbeitete Peter wie ein Berserker auf den Werften und erwarb eine profunde Kenntnis des Schiffbaus. Für Rußland, das hoffnungslos in die tyrannische Adelsherrschaft und die erbärmliche Leibeigenschaft der Volksmasse eingezwängt war, hätte er sich wohl am liebsten eine bürgerlich-kaufmännische Gesellschaftsstruktur, eine dem Fortschritt zugewandte Weltoffenheit ersehnt.

Aber in seinen Gesprächen an deutschen Fürstenhöfen verwies er auch immer wieder auf die Notwendigkeit, die Aufsässigkeit der Bojaren, die Barbarei seiner Untertanen mit eiserner Hand zu bändigen. Immerhin würde er Rußland nach seiner Rückkehr auf das wirtschaftliche Modell des Merkantilismus ausrichten, zahlreiche Manufakturen und Gießereien schaffen, und sei es auch nur – dafür ließ er sich als Schmied ausbilden –, um seine Armeen mit Bombarden, seine Kriegsschiffe mit überlegener Feuerkraft auszurüsten.

Bei einer Werftbesichtigung in England wurde Peter I. von der Wirklichkeit Rußlands eingeholt. Die Strelitzen hatten wieder einmal gemeutert, und die Zarewna Sophija zog angeblich wieder die Fäden dieser Revolte. Während Peter im Eiltempo nach Moskau zurückkreiste, fand das entscheidende Gefecht zwischen den Strelitzen und den neu aufgestellten

*Unter den aufsässigen Regimentern der Strelitzen richtete Peter I. nach einer erneuten Revolte – ein schreckliches Blutbad an.*

Garderegimentern statt. Die westliche Kriegskunst und die kaiserliche Artillerie siegten über den Ansturm der an Zahl weit überlegenen Rebellen. Nach Peters Rückkehr fand ein fürchterliches Strafgericht statt. Hunderte von Strelitzen wurden enthauptet. Dem engsten Vertrauten des Zaren, dem Fürsten Menschikow, einem Emporkömmling aus bescheidensten Verhältnissen, fiel es zu, die erste Hinrichtung mit der Axt zu vollziehen. Angeblich hat sich der Zar an dieser Massenexekution auch persönlich beteiligt.

Es war Zeit, daß im Innern Ordnung geschaffen wurde. Denn nun brach ein Krieg aus, der einundzwanzig Jahre dauern und das petrinische Rußland auf die äußerste Probe stellen sollte. Der Zar pochte mit der ganzen Kraft seiner neu und modern gegliederten Armee auf den Besitz des Baltikums.

Er beanspruchte für Rußland die Mündung der Newa am Finnischen Meerbusen, die Häfen Reval und Riga. Im Streit um Ingermanland kam es zum Zusammenprall mit dem Königreich Schweden, der gefürchtetsten Militärmacht des ausgehenden siebzehnten Jahrhunderts. Als schicksalhafter Gegner Peters I. präsentierte sich Karl XII. von Schweden, ein junger Monarch, dessen kriegerischer Tatendrang, dessen Einsatzbereitschaft auf dem Schlachtfeld grenzen- und maßlos erschien.

Nach einer weit ausgreifenden Kampagne, die in Narwa für die Russen katastrophal begonnen hatte, verlagerte sich der schwedische Feldzug in die Tiefen des russischen Reiches. Die Unendlichkeit des Raumes wurde Karl XII. ebenso zum Verhängnis wie der entsetzlich kalte Winter des Jahres 1708. Weder Napoleon noch Hitler haben später aus diesem schwedischen Präzedenzfall gelernt. Im Sommer 1709 kam es nahe der ukrainischen Stadt Poltawa zur blutigen Entscheidung. Die Armee Karls XII. war durch die Kosakentruppe des Hetman Masepa verstärkt worden. Der greise Masepa hatte verzweifelt versucht, die ukrainische Selbständigkeit gegen die Polen im Westen, die Moskowiter im Norden zu behaupten. Vergeblich hatte er auf die Schweden gehofft.

Gleich zu Beginn der Schlacht von Poltawa wurde Karl XII. am Bein verwundet. Von der Bahre aus mußte er der vernichtenden Niederlage seiner glorreichen, aber zahlenmäßig unterlegenen Regimenter zusehen. Peter konnte sich im Ruhme des Sieges sonnen. Der Titel »der Große« stand ihm nunmehr zu. Mit ritterlicher Geste nahm er die Kapitulation der schwedischen Generale entgegen. Karl XII. – begleitet von dem glücklosen Hetman Masepa – entkam mit

knapper Not zu den Türken und war von nun an zum Untergang verurteilt.

Rußland hatte mit dem Waffenerfolg von Poltawa den Weg freigemacht für die Annexion des Baltikums und die spätere Oberhoheit über Finnland. Auch die Ukraine östlich des Dnjepr fiel dem petrinischen Imperium zu. Weitere russische Ausdehnungspläne in Richtung auf die Donaumündung wurden jedoch durch die Janitscharen des Osmanischen Sultan in einer Kesselschlacht am Pruth unweit der heutigen rumänischen Grenze zunichte gemacht.

Erst 1721 – vier Jahre vor Peters Tod – wurde der endgültige Frieden zwischen Schweden und Rußland unterzeichnet. Darin verzichtete Stockholm auf seine bisherige Hegemonie im Ostsee-Raum.

Zu Lebzeiten schon hat der große Zar sich selbst ein einzigartiges Denkmal gesetzt. Unbeeindruckt vom Tosen des Krieges hatte der rastlose Peter im Jahr 1703 mit dem Bau einer neuen kaiserlichen Metropole mitten in den unwirtlichen Sümpfen der Newa begonnen.

Mit einem unvergleichlichen Gewaltakt wurde die Stadt St. Petersburg auf den Knochen unzähliger Leibeigener und Zwangsarbeiter in den morastigen Uferboden des Finnischen Meerbusens gerammt. Das Ergebnis war eine herrliche architektonische Leistung.

Das eindrucksvolle Bild, das die Stadt Peters, die vorübergehend Leningrad hieß, heute bietet, hat der kränkelnde, schnell alternde Monarch nur in bescheidenem Ausmaß genossen. Die prächtigsten Paläste, die schönsten Kanalperspektiven, die strahlendsten Kirchen wurden erst unter seinen Nachfolgerinnen, unter Elisabeth und Katharina II., gebaut.

*Linke Seite, oben: Nahe der ukrainischen Stadt Poltawa errang Peter der Große den entscheidenden Sieg über die Schweden. Der große Nordische Krieg hat einundzwanzig Jahre gedauert.*

*Linke Seite, unten: Schwedenkönig Karl XII. wurde in Poltawa schwer verletzt und trat die Flucht in die Türkei an.*

Doch der unbeugsame Wille des großen Zaren hat sich in Petersburg zu Stein und Granit verdichtet. Hier, in der neuen Hauptstadt des zaristischen Rußland, nahm sein eiserner Vorsatz, durch radikale Reformen mit dem erdrückenden, obskurantistischen Erbe Moskaus zu brechen, die byzantinische Tradition zu überwinden, konkrete Gestalt an. Dennoch liegt über dieser herrlichen Stadtsilhouette an der Newa bis auf den heutigen Tag der melancholische Glanz einer ungeheuerlichen, aber letztlich vergeblichen Anstrengung.

*Linke Seite und oben: In den Sümpfen der Newa, auf den Knochen unzähliger Zwangsarbeiter ließ Peter der Große seine neue, nach Westen gewandte Hauptstadt St. Petersburg errichten.*

\*

Der Tod Peters des Großen im Jahr 1725 – auf der Höhe seines Ruhms – leitete eine merkwürdige Phase der russischen Geschichte ein. Bis zum Tod der Großen Katharina im Jahr 1796 sollte eine Art »Weiber-

herrschaft« andauern, die zeitweilig dem Liebes- und Intrigenspiel der Alkoven mindestens ebensoviel Bedeutung einräumte wie der kaiserlichen Machtausübung auf dem nach-petrinischen Thron. Die letzte Gattin des großen Zaren, die als Katharina I. gekrönt wurde, überließ die Regierungsgeschäfte weitgehend dem Fürsten Menschikow, dessen Geliebte sie in jungen Jahren gewesen war, noch ehe sie dem Zaren Peter überlassen wurde. Eine einmalige Schicksalsfügung hatte dieser livländischen Magd die Krone des Zarenreiches aufs Haupt gedrückt.

Erst unter der Zarin Elisabeth, einer Tochter Peters des Großen, die im November 1741 den Thron bestieg, trat eine gewisse Stabilisierung der Verhältnisse ein. Aber auch Elisabeth stützte sich bei ihrer putschähnlichen Machtergreifung auf die konspirative Tätigkeit ihrer Favoriten und die Ergebenheit der Palastwache. Die überwiegend weibliche Erbfolge in Rußland, die das ganze achtzehnte Jahrhundert kennzeichnet, war geprägt von Günstlingswirtschaft und hemmungsloser Entfaltung der Adelsprivilegien.

Zarin Elisabeth war dafür bekannt, daß sie besonders kräftige Gardesoldaten zu ihrem persönlichen Dienst als Liebhaber abkommandierte. Dennoch war sich diese Imperatorin der Interessen ihres Reichs bewußt. Ihre Vorgängerin, Anna Iwanowna, hatte einer deutschen Hofclique und ihrem Günstling Ernst Johann von Biron, einem deutschstämmigen Gutsbesitzer aus dem Baltikum, größten Einfluß auf die Staatsgeschäfte und die Hofsitten eingeräumt. Zarin Elisabeth hingegen versöhnte sich mit der empörten russischen Aristokratie, setzte der Schmach der indirekten deutschen Fremdherrschaft, der »Bironovschtschina«, ein Ende. Sie betonte wieder den slawischen

*Linke Seite: Zarin Elisabeth, eine Tochter Peters des Großen, beteiligte sich am Siebenjährigen Krieg gegen Preußen. Ihrem plötzlichen Tod verdankte Friedrich II. das »Wunder des Hauses Brandenburg«.*

Charakter des Staates und strebte sogar eine Annäherung an die von Peter dem Großen gedemütigte orthodoxe Kirchenhierarchie an.

In Europa lösten sich unterdessen die Kriege und die Koalitionen ab. Beim Versuch der englischen Krone, den Einfluß des französischen Königs Ludwig XV. weltweit zurückzudrängen, wurde Preußen zu einem wichtigen Verbündeten der Briten auf dem Kontinent. Friedrich II., der Große, wurde zwar am Versailler Hof als musischer Aufklärer gefeiert, aber sein kriegerischer Expansionsdrang war skrupellos, sein Landhunger schien unersättlich.

Es mochte zum Teil an der Abwehrschlacht gegen die baltisch-preußische Cliquenwirtschaft der »Bironovschtschina« liegen, jedenfalls ließ die Zarin die russischen Armeen im Verbund mit Österreich, dann

*Die Niederlagen, die Friedrich der Große bei Zorndorf und Kunersdorf gegen die Russen erlitt, brachten ihn an den Rand des Untergangs.*

auch mit Frankreich im Siebenjährigen Krieg gegen Preußen zu Felde ziehen. Nach strahlenden Siegen und vernichtenden Niederlagen stand Friedrich II. nach der Schlacht von Kunersdorf am Rande des Abgrundes. Königsberg und Berlin waren von den Russen besetzt.

\*

Da starb die Zarin Elisabeth, und es vollzog sich das »Wunder des Hauses Brandenburg«.

Die Wende hatte damit begonnen, daß die kinderlose Zarin Elisabeth für ihren Neffen und Thronfolger Peter, den späteren Peter III., eine deutsche Fürstentochter als Gemahlin suchte. Der Zarewitsch entstammte väterlicherseits dem Hause Holstein-Gottorf. Die Wahl Elisabeths fiel auf die Prinzessin Sophie Friederike von Anhalt-Zerbst, die später unter dem Namen Katharina II. oder Katharina die Große in die Weltgeschichte eingehen sollte.

Die junge und energische Katharina entdeckte mit Entsetzen, daß ihr Gemahl Peter bösartig veranlagt war und nie zum Mann ausreifte. Zusätzlich wurde der infantile Thronfolger durch eine Pockenerkrankung entstellt. Am russischen Hof war dieser Holstein zutiefst verhaßt. Nur was deutsch und preußisch anmutete, wurde von ihm geschätzt. Er spielte mit Zinnsoldaten, die preußische Uniformen trugen, und glühte vor Bewunderung für Friedrich den Großen, gegen den sein Land Krieg führte. Nach dem Tode Elisabeths vollzog Zar Peter III. einen abrupten Allianzwechsel, verbündete sich mit Preußen und distanzierte sich von Österreich.

Von nun an würde Preußen, wie man in Potsdam zu

*Zar Peter III. nahm die deutsche Prinzessin Sophie-Friederike von Anhalt-Zerbst, die spätere Katharina II., zur Frau.*

sagen pflegte, Politik »unter dem wachsamen Auge Rußlands« – »sous l'œil de la Russie« – machen. Der wirkliche Herrscher auf dem Thron von St. Petersburg hieß nunmehr Katharina. Ihren Liebhaber Orlow und dessen Brüder, die in der Palastwache dienten, setzte sie an, um den Umsturz zu vollziehen und den unerträglichen Zaren Peter III. ermorden zu las-

sen. Es kam zur schicksalhaften Begegnung mit den Garderegimentern, die sich dem Machtwillen der jungen Prätendentin beugten und nach kurzem Zaudern die neue Zarin Katharina II. jubelnd akklamierten.

Aus der anmutigen Prinzessin von Anhalt-Zerbst war über Nacht eine der mächtigsten Frauen Europas geworden, die das Heilige Rußland von 1762 bis 1796 mit aufklärerischem Glanz nach außen, mit eiserner Fuchtel nach innen regieren sollte.

Das geschönte Bild Katharinas, das eine schwärmerische deutsche Geschichtsdarstellung entworfen hat, wird von den meisten russischen Historikern nicht übernommen. In ihren Schilderungen entsteht das Porträt einer launischen alternden Zarin, die auch an Leibesumfang zugenommen hat. Der jugendliche Liebreiz wird durch majestätische Härte ersetzt. Die Zarin huldigte einem ausschweifenden Geschlechtsleben mit wechselnden Favoriten, das dem der männlichen Monarchen ihrer Zeit in keiner Weise nachstand. Die Namen Orlow, Panin, Poniatowski, Potemkin sind nur die bekanntesten in einer sehr langen Reihe.

Die »Semiramis des Nordens«, wie Voltaire die Große Katharina lobhudelnd anredete, schrieb zwar Komödien im Geschmack des Rokoko und korrespondierte mit den Freigeistern der »Encyclopédie«. Aber über der Masse ihrer Untertanen – zu mehr als fünfundneunzig Prozent völlig entrechtete Leibeigene – schwang sie die Knute. Die lebenslange Verpflichtung des Adels zum Dienst im Heer oder in der Verwaltung, die Peter der Große verfügt hatte, gehörte längst der Vergangenheit an.

Zwischen Wolga und Ural bereitete sich unterdessen der große Aufstand vor. Ein obskurer Kosaken-Führer namens Jemeljan Pugatschow mobilisierte die Verzweiflung des Landvolkes. In dichter Schar folgten ihm die Leibeigenen, die Kosaken und das tatarische Nomadenvolk der Baschkiren. Schon Peter der Große hatte gegen ähnlichen Aufruhr zu kämpfen gehabt. Aber Katharina sah sich einem gefährlichen Flächenbrand gegenüber. Pugatschow gab sich – auf

den Spuren des falschen Dmitri – als Zar Peter III. aus, der auf wunderbare Weise dem Mordanschlag entkommen wäre. Ihm zur Seite stand der muslimische Baschkiren-Führer Salawat Julajew, dessen Reitertruppe etwa die Hälfte der rebellischen Streitmacht stellte.

Pugatschow zog gegen Kasan, das alte Tatarenbollwerk an der oberen Wolga. Da mochte der orthodoxe Metropolit den Bannfluch, das Anathema, gegen den falschen Zaren Peter III. schleudern. Die Aufständischen eroberten die Stadt und richteten, wo immer sie herzogen, schreckliche Massaker unter dem Adel und der Obrigkeit an. Am Ende waren aber die regulären Regimenter Katharinas doch stärker als der Kriegshaufen Pugatschows. Der Aufstand wurde erbarmungslos niedergeschlagen, die wilde Reiterschar der Kosaken in die zaristische Ordnung eingegliedert.

*Bei dem großen Volksaufstand des Kosaken-Atamans Pugatschow spielte der Baschkiren-Führer Salawat Julajew mit seinen tatarischen Reitern eine entscheidende Rolle.*

Der Usurpator Pugatschow wurde in einem Käfig zur Folter und Hinrichtung transportiert. Die Erinnerung an diesen revolutionären Vorläufer sollte jedoch im russischen Volk weiterleben.

In Petersburg hielt Katharina hof im Stile des Rokoko. Durch ihren Günstling Potemkin, den sie zum Fürsten von Tauris erhoben hatte, ließ sie sich auf ihrer ausgedehnten Reise durch die Ukraine und die Krim von der armseligen Wirklichkeit ihres Reiches, vom Elend ihrer Untertanen abschirmen. Ihr Ehrgeiz war vor allem auf imperiale Ausdehnung gerichtet. Die Armeen der Zarin führten Krieg gegen Persien und die Türkei. Sie etablierten die russische Macht am Kaspischen Meer. Begleitet wurden diese Waffentaten von den Aufmunterungen Voltaires. »Eure Kaiserliche Majestät«, so schrieb dieser merkwürdige Freigeist im Oktober 1769 an die von ihm so verehrte Katharina, »geben mir das Leben wieder, indem Sie Türken töten.«

Das russische Heer erzwang auch die Unterwerfung der westlichen Ukraine mit Ausnahme Galiziens. Vor allem trat Katharina als die unerbittliche Vollstreckerin der totalen Aufteilung Polens zwischen Rußland, Preußen und Österreich auf. Ihren ehemaligen Liebhaber Poniatowski, dem sie zum polnischen Thron verhalf, benutzte sie zynisch als Vollstrecker des eigenen Untergangs.

Die Frivolität der prunkvollen Feste in St. Petersburg erinnerte an die lockeren Sitten, an den »Hirschgarten« des französischen Königs Ludwig XV. Die Maskenbälle benutzte die Zarin, um neue, leistungsfähige Liebhaber auszuspähen. Dem Vorwurf des moralischen Verfalls begegnete die Alleinherrscherin – einst aus bescheidenem deutschem Geblüt geboren,

*Rechte Seite: Katharina die Große gab sich als Jüngerin der Aufklärung und wurde von Voltaire lobhudelnd als »Semiramis des Nordens« gefeiert.*

im lutherischen Glauben streng erzogen – mit einer demonstrativen Hinwendung zu den byzantinischen Formen russisch-orthodoxer Frömmigkeit. Die mächtige alternde Frau auf dem Thron Peters des Großen war viel zu intelligent und gebildet, um sich der Zweideutigkeit ihrer historischen Rolle nicht bewußt zu sein. Bei aller Hinwendung zur Pariser Schöngeisterei und Aufklärung ließ sie in Rußland die Freimaurer, die »Farmasoni«, mit äußerster Härte verfolgen. Der kritische Schriftsteller Radischtschew, der in seiner »Reise von Petersburg nach Moskau« die unerträglichen Lebensbedingungen der Landbevölkerung angeprangert hatte, wurde von der Zarin zum Tode verur-

*Eine zeitgenössische Karikatur stellte Katharina II. als hemmungslose Eroberin dar.*

teilt und dann in einem Gnadenakt nach Sibirien verbannt. Die relativ privilegierten Bauern der Ukraine wurden zu Leibeigenen degradiert.

In der letzten Phase ihrer Herrschaft erreichte sie die Nachricht vom Ausbruch der Französischen Revolution. Mit scharfen Worten verurteilte Katharina die Proklamation der Menschenrechte, den Kult der Göttin Vernunft, jene Ideale, denen sie in jungen Jahren einmal gehuldigt hatte. Für sie waren die epochalen Ereignisse in Paris nur eine »Hydra mit tausend Köpfen.«

*Die Nachricht vom Sturm auf die Bastille wurde am russischen Hof mit bösen Ahnungen aufgenommen. Katharina II. bezeichnete die Französische Revolution als »tausendköpfige Hydra«.*

*Eine Allegorie stellt sämtliche Autokraten Rußlands, vom fernen Warägerfürst Rurik bis zum letzten Romanow-Zaren Nikolaus II. dar.*

# Die Dämonen der Freiheit

Auf dem Schlachtfeld von Borodino sammelt sich im Sommer 1812 das russische Heer zur Entscheidungsschlacht. Napoleon Bonaparte ist mit der »Grande Armee«, mit einer halben Million Soldaten, in zügigem Vormarsch auf Moskau vorgedrungen. Jetzt endlich stellt sich General Kutusow der gallischen Herausforderung. Die heiligen Ikonen und die segnenden Popen begleiten die Heerschar des Zaren in ihrer Schicksalsstunde.

Hier steht mehr auf dem Spiel als die Eroberung der alten russischen Hauptstadt an der Moskwa. Unter der französischen Trikolore brandet das Gedankengut der Aufklärung, der Volkssouveränität, der »volonté générale«, gegen das Erbe byzantinischen Gottesgnadentums, gegen das mächtige Bollwerk der willkürlichen Autokratie und einer exklusiven Adelsherrschaft an. Der Imperator des Westens, Napoleon Bonaparte, erscheint in dieser euroasiatischen Unendlichkeit nicht so sehr als ein kaiserlicher Usurpator aus Korsika. Er verkörpert, wie Hegel es ausdrückte, den »Weltgeist zu Pferde«.

Im Gemetzel von Borodino siegen die Franzosen mitsamt ihren europäischen Trabanten und Hilfsvölkern unter schwersten Opfern über die Soldaten des

Zaren. Der Weg nach Moskau steht nunmehr offen. Aber der Triumph ist bitter, und Napoleon reitet in eine von der Bevölkerung fluchtartig verlassene Stadt ein. Beim Gang durch den Kreml mag der »Empereur« sich des Wahnwitzes dieser überdimensionalen Expedition bewußt geworden sein. Am liebsten würde er die Basilius-Kathedrale, die einst Iwan der Schreckliche als Monument seines Sieges über die Tataren errichtete, durch seine Sapeure sprengen lassen, so barbarisch und asiatisch erscheint ihm dieses extravagante Bauwerk.

Zar Alexander I., der russische Gegenspieler Bonapartes, weist den Gedanken an jeden Kompromiß, ja, an jede Verhandlung weit von sich. Spätestens in dieser Stunde dürfte der Korse an die Warnung eines seiner Berater gedacht haben: »On ne peut pas acculer la Russie« – »Man kann Rußland nicht an die

*Vor Borodino lieferte der russische General Kutusow eine vergebliche Abwehrschlacht gegen die vorrückenden Armeen Napoleons.*

*Mit dem Brand von Moskau begann das Ende der »Grande Armée«.*

Wand drängen.« Während die Stadt an der Moskwa, die nicht aufgehört hat, sich als das »Dritte Rom« zu bezeichnen, in Flammen aufgeht, meditiert der Sieger von Austerlitz, Wagram und Jena über die Vergänglichkeit des Ruhms. »Die Politik dieses riesigen Reiches wird durch sein ungeheuerliches Eigengewicht und durch den Zufall bestimmt«, hat er einst über Rußland gesagt.

Nach dem Einbruch des Winters tritt die »Grande Armée« den Rückzug nach Westen an, anfangs noch wohlgeordnet. Aber mit einsetzendem Schneefall und Frost taumelt sie mitsamt dem napoleonischen Imperium in den Untergang.

Der geniale Stratege Bonaparte hatte jene Grundregel der Kriegsführung ignoriert, die die Mongolen, Tataren und andere Turk-Völker, die aus Zentralasien herangestürmt waren, sich instinktiv zu eigen gemacht hatten, daß nämlich Rußland einer fremden Eroberung allenfalls in den frühen Wintermonaten ausgeliefert ist, wenn der sumpfige Boden schon festgefroren ist und die Flüsse vereist sind.

Für eine solche Kampagne in Schnee und Frost war die »Grande Armée« jedoch in keiner Weise gerüstet. Zwischen Beresina und Njemen vollzog sich die Schicksalswende Europas. Auf dem Scheiterhaufen der russischen Autokratie wurden die blau-weiß-roten Fahnen nicht nur des Empire, sondern auch der Französischen Revolution verbrannt. Mit dem Scheitern der französischen Invasion schien auch das fortschrittliche Gedankengut, das jakobinische und republikanische Erbe endgültig ausgemerzt zu sein, dessen Errungenschaften von Napoleon in imperiales Erz gegossen worden waren. In der Schneewüste Rußlands, so konnte Alexander I. glauben, verhallte der Ruf nach »Freiheit, Gleichheit, Brüderlichkeit«.

Statt dessen triumphierte nunmehr die »Heilige Allianz«, die konservative Interessengemeinschaft der gekrönten Häupter, der angestammten Dynastien. Auf den Bällen, die die Eroberung von Paris, den Wiener Kongreß, die Siegesfeiern in St. Petersburg begleiteten, wurde der Gang der Geschichte krampfhaft zurückgedreht. Alexander I. war im Verbund mit dem österreichischen Kanzler Metternich der geistige Inspirator jener monarchistischen Restauration, jener gesellschaftlichen Reaktion, die jedes freiheitliche Aufbegehren Europas bis zum Jahr des Umbruchs 1848 einschläfern, knebeln und notfalls unterdrücken sollte.

Dabei war der frömmelnde russische Zar, der Bezwinger Bonapartes, der vom »corpus mysticum« des christlichen Europa schwärmte, von tiefem inneren

*Das französische Invasionsheer wird das Opfer des russischen Winters.*

Zwiespalt heimgesucht. Bei seiner Machtergreifung im Jahr 1801 hatte er sich der Komplizenschaft bei der Ermordung seines Vaters, des Zaren Paul I., schuldig gemacht. Als im Jahr 1825 Alexander I. in Taganrog plötzlich starb, ging die Legende um, er habe sich als büßender Mönch in die Einöde zurückgezogen.

Der Feldzug Napoleons gegen Rußland hat – trotz seines katastrophalen Ausgangs – tiefgreifende Spuren und Spätwirkungen hinterlassen. Ähnlich hatte der Korse mit der vorübergehenden Eroberung Ägyptens dem politischen und kulturellen Erwachen des arabischen Orients Auftrieb gegeben. Schließlich sollten die Deutschen nicht vergessen, daß sie die Abschaffung der bäuerlichen Leibeigenschaft in Preußen, die Reformen an Staat und Armee, die Stein, Hardenberg und Scharnhorst unternahmen, erst ihrer Niederlage bei Jena und Auerstedt »verdankten«.

Noch die Dostojewskische Romanfigur Iwan Karamasow stellt Überlegungen an, ob es für das rückständige Rußland auf Dauer nicht von Vorteil gewesen wäre, wenn die Grande Armée gesiegt hätte. Jedenfalls sollte es von nun an keine Ruhe mehr geben im Reich der Romanow, das 1815 seine Bestätigung als europäische Großmacht erfahren hatte.

*

Kleine Verschwörerzirkel trafen sich nunmehr in St. Petersburg und der Ukraine. Es waren Sprößlinge der vornehmsten russischen Adelsfamilien, hochdekorierte Offiziere der siegreichen zaristischen Armee, die bei ihrem Feldzug quer durch Deutschland und Frankreich, der sie bis Paris geführt hatte, westliches, freiheitliches, revolutionäres Gedankengut aufgesogen hatten. Die »tausendköpfige Hydra« der Französischen Revolution, vor der die große Katharina gewarnt hatte, griff auf die aufklärerischen Geister im Heiligen Rußland über. Die treuesten Diener des Zarenreiches, an ihrer Spitze Fürst Trubezkoi, Graf Murawjow, Oberst Pestel, schwärmten von einer Modernisierung des Imperiums, forderten die Abschaffung von Autokratie und Leibeigenschaft, die Ausrufung einer Verfassung, ja, die Gründung einer russischen Republik. Im Dezember 1825, zehn Jahre nach der endgültigen Niederlage Napoleons bei Waterloo, stand Rußland am Rande einer elitären Adelsrevolte.

Die jungen Putschisten nutzten die scheinbare Vakanz des Thrones nach dem Tod Alexanders I., um die Garderegimenter gegen die obskurantistische Selbstherrschaft der Romanow aufzubieten. Aber die Truppe verweigerte den privilegierten Reformern des

Hochadels ihre Gefolgschaft. Der Ruf »Es lebe die Verfassung« verhallte ungehört. Offenbar gehörte die bewährte Praxis jener Thronanwärterinnen, die sich im achtzehnten Jahrhundert mit Hilfe von skrupellosen Günstlingen und rebellischen Palastwachen zu Zarinnen hatten ausrufen lassen, der Vergangenheit an. In seiner kurzen Regierungszeit hatte Zar Paul I., ein Sohn der großen Katharina – der wohl einsichtiger war, als man ihn später schilderte –, mit der »Weiberherrschaft« der nachpetrinischen Zeit ohnehin Schluß gemacht und die männliche Erbfolge für die russische Krone eingeführt.

Nikolaus I., getragen von den beharrenden Kräften des Hofes und der Armee, trat den isolierten Aufrührern als herrischer Autokrat von Gottes Gnaden im Dezember 1825 entgegen. Das dilettantische Komplott der »Dekabristen«, so nannte man sie fortan, brach wie ein Kartenhaus zusammen. Über den Verschwörern entlud sich ein unerbittliches kaiserliches Strafgericht. Die russische Geschichtsschreibung hat die Dekabristen mit einem Glorienschein postumer Verehrung umgeben. Mit aristokratischer Würde und Fassung ertrugen die Offiziere ihre Degradierung und Demütigung. Fünf von ihnen mußten ihren Wagemut mit dem Leben bezahlen: Sie wurden zum Tode durch den Strang verurteilt.

Verkörperten sie wirklich jenes freiheitliche, selbstlose Gedankengut des »Wohlfahrtsbundes«, den sie als Verschwörungszelle gebildet hatten und zu dem sie sich offiziell bekannten? Zumindest der südliche, der ukrainische Flügel der Revolte unter dem Einfluß ihres Inspirators Oberst Pestel hatte sich die Schaffung eines nationalen Zentralstaates mit eindeutig totalitären Zügen zum Ziel gesetzt. Sämtliche Komplotteure huldigten überdies einem großrussischen, chauvinistischen Reichsbegriff.

Bei der Hinrichtung der fünf Hauptangeklagten, darunter Pestel, der angeblich für sich selbst nach der Zarenwürde getrachtet hatte, kamen die Gaffer auf ihre Kosten. Das Galgengerüst brach zusammen, so daß einer der Gehenkten Zeit zu dem trotzigen Aufschrei fand: »Für die Freiheit will ich gern zweimal sterben!« Die meisten Verurteilten wurden zu langjähriger Zwangsarbeit nach Sibirien verbannt. Aus den kaiserlichen Palästen wurden die Porträts der tapferen Offiziere entfernt, die im Feldzug gegen Napoleon höchste Meriten erworben hatten. Diese vom Leben verwöhnten Söhne der höchsten Aristokratie mitsamt ihren wackeren Frauen haben die Prüfung und Erniedrigung des Zuchthauses und schwerer kör-

*Die Verschwörung der »Dekabristen« leitet ein Jahrhundert des Aufruhrs und der Auflehnung gegen die Autokratie ein.*

*Oben links: Graf Trubezkoi war einer der prominentesten Anführer der Dekabristen-Bewegung.*

*Oben rechts: Zar Nikolaus I. ist als Symbol staatlicher Unterdrückung in die Geschichte eingegangen.*

perlicher Fron mit bewundernswerter Standhaftigkeit auf sich genommen. Ihre Legende überschattete die repressive Herrschaftsperiode, das hemmungslose Polizeiregime des neuen Zaren Nikolaus I.

Es rumorte weiter im Zarenreich. Der Niederschlagung des Dekabristen-Aufstandes, so verwunderte sich der Freigeist Alexander Herzen, folgte eine widerspruchsvolle Epoche »äußerer Sklaverei und innerer Freiheit«. Auf den prunkvollen Bällen des Kaiserhofes fiel ein genialer Außenseiter, Alexander Puschkin, schon wegen seiner unkonventionellen Kleidung aus dem Rahmen und wurde von Nikolaus I. aus der festlichen Runde verstoßen. Ein stupides Duell setzte dem Leben Puschkins im Winter 1837 ein Ende. Aber die Botschaft dieses Neuschöpfers der russischen Literatur bleibt bis auf den heutigen Tag lebendig. Er hatte dem dichterischen Klassizismus den Rücken ge-

kehrt, in Westeuropa seine romantischen Vorbilder gesucht und dem russischen Realismus tastend den Weg geöffnet.

\*

Wir wollen uns aber einem anderen Repräsentanten dieses regen und unkonventionellen Geisteslebens im Schatten der autokratischen Unterdrückung zuwenden, dem Dichter und Offizier Michail Lermontow (1814–1841). Im literarischen Werk dieses jungen Feuerkopfes spiegelten sich die großen romantischen Vorbilder seiner Zeit. Vor allem dem egozentrischen Engländer Lord Byron, der für die Unabhängigkeit der Griechen stritt, fühlte er sich verwandt, aber auch dem melancholischen Franzosen Chateaubriand und den ehrgeizigen Helden Stendhals.

In der Umgebung des Autokrators Nikolaus I.

*Oben links: Schon zur Zeit Lermontows erhoben sich im Kaukasus die islamischen Stämme gegen die russische Fremdherrschaft.*

*Oben rechts: Michail Lermontow, Offizier und Schriftsteller, verkörperte die neue russische Romantik.*

konnte Lermontow nur anecken. Er betrachtete es wohl als eine Erlösung von der hohlen und eitlen Atmosphäre der Petersburger Adelsgesellschaft, als er zu einem Regiment im Kaukasus strafversetzt wurde. Die Verluste dieser Einheit im Kampf gegen die aufsässigen muslimischen Bergvölker, die Tscherkessen und Tschetschenen, waren besonders hoch. Wie Puschkin, der mit seinem Roman »Der Gefangene des Kaukasus« Aufsehen erregt hatte, war auch der junge Lermontow von dieser unberührten, wilden Landschaft, von ihren verwegenen, todesmutigen Menschen fasziniert. Dreißig Jahre lang – von 1834 bis 1864 – hat damals das Zarenreich seine ganze Macht

*Der große Dichter Alexander Puschkin fiel einem sinnlosen Duell zum Opfer.*

mobilisieren, die Staatskasse fast erschöpfen müssen, um den islamischen Glaubenskampf, den »Dschihad«, unter Führung des Awaren-Feldherrn Imam Schamil im Kaukasus niederzuschlagen.

Seltsame Widersprüchlichkeit tat sich bei Lermontow kund. In seiner Novelle »Ein Held unserer Zeit«, die oft wie ein Selbstporträt anmutet, wechselt sich bei der Hauptfigur Petschorin schwärmerische Begeisterungsfähigkeit mit menschenverachtender Skepsis ab. Auf einen an Nihilismus grenzenden Sarkasmus folgt unvermittelt überschäumende patriotische Begeisterung. In der Brust des Dichters und Offiziers Lermontow lebte bereits jener fatale Widerspruch, jene Bewußtseinsspaltung, die die russischen Intellektuellen des ganzen kommenden Jahrhunderts begleiten sollte: In seinem Werk kündigte sich der Konflikt zwischen den »Sapadniki« und den Slawophilen an – den Anhängern der Aufklärung, der Verwestlichung Rußlands auf der einen, den Nostalgikern altslawischer mystischer Eigenart auf der anderen Seite.

Hatte nicht sogar Alexander Puschkin bei all seinem Willen zur Modernität gefordert, daß sämtliche slawischen Völker wie Flüsse im russischen Meer münden müßten? Lermontow war erst siebenundzwanzig Jahre alt, als auch er – dem Ehrenkodex seiner törichten Zeit gehorchend – einem Duell erlag.

\*

Die Kontinuität, ja, die fatale Zwangsläufigkeit der russischen Geschichte, die wir in dieser gerafften Chronik darzustellen suchen, wird durch die zeitgenössischen Ereignisse im Kaukasus auf spektakuläre Weise bestätigt. Wie zu Zeiten Lermontows sieht sich das postkommunistische Rußland von heute mit dem

Aufstand der überwiegend islamischen Bergvölker konfrontiert. Wieder stellen die Tschetschenen, Inguschen, Tscherkessen, Kabardiner und andere den Bestand der russischen Staatsmacht in der kaukasischen Randregion in Frage. Wir werden uns diesem Aspekt noch ausführlicher zuwenden, wenn wir die ungewissen Zukunftsaussichten der »Gemeinschaft Unabhängiger Staaten« (GUS) behandeln werden.

Auch die Agrarfrage, die das neunzehnte Jahrhundert aufwühlte und bewegte, erscheint seit den Rurikiden als ein permanentes und erdrückendes Existenzproblem. Die russischen Intellektuellen hatten die Botschaft der Französischen Revolution wohl vernommen. Doch der zunächst maßgebliche Erneuerer-Flügel der »Narodniki« folgte nicht blindlings dem Pariser Modell. Nicht der »Dritte Stand«, das Bürgertum, das sich im damaligen Romanow-Imperium ohnehin noch im embryonalen Zustand befand, sollte Träger des großen Umbruchs, der monarchischen Götterdämmerung werden, sondern die gewaltige Masse des darbenden und enterbten Landvolkes.

In seiner Unfähigkeit, die inneren Strukturen des Reiches zu reformieren und zu regenerieren, hatte sich Zar Nikolaus I. auf die bewährte Praxis der territorialen Expansion verlegt. Immer noch waren die Erben Iwans des Schrecklichen in der mythischen Vorstellung vom »Dritten Rom« gefangen, und damit verband sich zwangsläufig der Versuch, am Bosporus, an den Dardanellen militärisch Fuß zu fassen und das türkische Istanbul wieder in ein christliches Konstantinopel zurückzuverwandeln. Das Osmanische Reich war in jener Zeit von sämtlichen Symptomen des Verfalls gezeichnet. Der »kranke Mann am Bosporus« schien eine leichte Beute zu sein für den Autokraten

wert einräumen, gemessen an der wirtschaftlichen Rückständigkeit und der heillosen gesellschaftlichen Mißstände, die das Zarenreich heimsuchten, so hat das seinen guten Grund.

Erst die schmähliche Niederlage auf der Krim führte Rußland in aller Brutalität die eigene Unzulänglichkeit vor Augen. Vor allem die düstere Misere der Leibeigenschaft, die unter Nikolaus I. als ein barbarisches Relikt der Despotie weiterwirkte, bedurfte jetzt einer radikalen Gewaltkur. Die Zeit war reif für die von Tragik gezeichnete Emanzipationspolitik Alexanders II., der 1855 den Thron bestieg und als »Befreier-Zar« in die Geschichte einging.

\*

Das Schicksal einer jungen Frau erscheint beispielgebend für den sozialen Umbruch, der leidenschaftlich und gewalttätig um sich griff. Der Name der Generalstochter Sophija Perowskaja wurde zum Symbol eines revolutionären Vorgangs, der letztlich in der Erstürmung des Winterpalastes und der Ermordung der Zarenfamilie im Jahr 1918 gipfelte.

Unter den jungen Adligen und Intellektuellen war es Mode geworden, die Erneuerung, die Erlösung Rußlands beim schwärmerisch verklärten einfachen Volk zu suchen. Alexander II. hatte zwar die Leibeigenschaft im Jahr 1861 aufgehoben, aber die Verhältnisse auf dem Land hatten sich kaum gebessert. Unter geradezu kollektivistischem Zwang blieben die gesetzlich befreiten Leibeigenen weiterhin in die urslawische Dorfgemeinschaft der »Obschtschina«, in deren altertümliche Rechtsform und Haftung des »Mir« eingebunden.

Wer sich als Bauer selbständig machen wollte,

mußte sich in den meisten Fällen bis über die Ohren verschulden und wurde ein Opfer der Steuereintreiber und Spekulanten. Beim Volk suchten die »Narodniki« – wie die Agrar-Utopisten genannt wurden – das Heil ihres Vaterlandes, eine mystische Wiedergeburt. Paradoxerweise sahen diese exaltierten jungen Leute ausgerechnet in der lähmenden Institution des »Mir« die originäre Idealform einer typisch russischen Lebensart.

Im März 1881 holte »diese jungfräuliche und asketische Elite, diese Heiligen mit blutigem Schwert und düsterem Heiligenschein«, wie Berdjajew sie beschrieb, zum verzweifelten Schlag, zum Attentat gegen den »Befreier-Zar« Alexander II. aus.

Die erste Bombe verfehlte ihr Ziel. Der Zar entstieg unverwundet seiner zertrümmerten Karosse. Die zweite Bombe riß Alexander in Stücke. Alle am Zarenmord Beteiligten, vier Männer und zwei Frauen, wurden zum Tode verurteilt. Sie bekannten sich vor Gericht unerschrocken zu ihren Sozialutopien, die zum Teil aus Frankreich stammten, aber auch zu ihren terroristischen Methoden, die der russische Anarchist Bakunin im Exil gepredigt hatte.

Die Zarenmörder konnten damals nicht ahnen, daß sie bei ihrer Ablehnung der zu dieser Zeit aufkommenden marxistischen Thesen von der alles beherrschenden Rolle des Industrie-Proletariats und bei ihrer Glorifizierung des bäuerlichen Umsturzpotentials die Vorläufer jener Thesen waren, denen Mao Tsetung in den Lößhöhlen von Jenan hundert Jahre später zum Sieg verhalf.

Unter militärischem Zeremoniell vollzog der Henker die Hinrichtung. Zar Alexander II. war ermordet worden, doch auch die »Narodnitschestwo«, die Be-

*Linke Seite: Die Befreiung der Leibeigenen durch Alexander II., die auf diesem Bild pathetisch dargestellt wird, trug nur sehr begrenzt zur Verbesserung der Lebensbedingungen der ländlichen Massen bei.*

*Rechte Seite: Der große Schriftsteller Fjodor Dostojewski sagte die Ankunft der »Dämonen« voraus, die Rußland heimsuchen sollten.*

*Rechts und unten: Als Folge des Komplotts der Narodniki erlag Alexander II., der »Befreier-Zar«, der zweiten Bombe seiner Attentäter.*

wegung derjenigen, die zum Volk gehen und vom Volk lernen wollten, erlahmte nach diesem skrupellosen Anschlag. Ein letzter Nachzügler dieser Tendenz, ein gewisser Alexander Uljanow, versuchte zwar noch im Jahr 1887 vergeblich, den neuen Autokraten Alexander III. umzubringen. Auch er wurde zum Galgen verurteilt. Sein Bruder, der sich später Wladimir Iljitsch Lenin nennen würde, sollte diese revolutionäre Entwicklung mit unvergleichlicher Energie und völlig unromantischer Systematik in eine ganz andere ideologische Richtung lenken.

\*

Kein Wunder, daß in diesen Jahrzehnten der Gärung und der Repression fast alle Russen der Oberschicht, die es sich leisten konnten, Zuflucht im Westen, vorzugsweise in den deutschen Kurorten mit ihren Thermalquellen und ihren Spielkasinos, suchten. Im artifiziellen Rahmen westlicher Luxushotels und mondäner Eitelkeit trafen sich die freiheitlichen Aristokraten, die hektischen Intellektuellen und jene Schicht aufstrebender bürgerlicher Kaufleute oder Industrieller, die im Zarenreich langsam, aber unaufhaltsam an Einfluß gewannen.

Fjodor Dostojewski, der größte russische Schriftsteller, hatte seine Einnahmen als Literat oft genug an den Roulette-Tischen von Baden-Baden und Bad Homburg verspielt. In diese frivole Welt falschen westlichen Scheins, in diese Antithese zum Heiligen, bäuerlichen Rußland, verpflanzte er den Helden seines Romans »Der Spieler«. Der liederlichen Ausschweifung einer hemmungslosen Oberschicht stellte er die exemplarischen Heilsgestalten des frommen Staretz Sosima oder des Fürsten Myschkin entgegen,

*Karte zu Kapitel: Der Traum vom »Dritten Rom«.*

*Karte zu Kapitel: Zeit der Wirren – Zeit des Ruhms.*

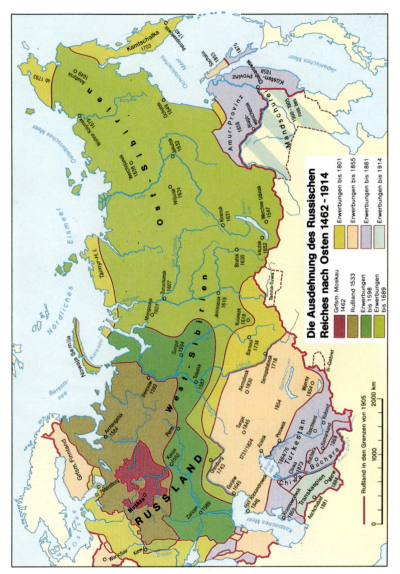

*Karte zu Kapitel: Die Dämonen der Freiheit.*

*Karte zu Kapitel: Sowjetmacht und Untergang.*

*Karte zu Kapitel: Sowjetmacht und Untergang.*

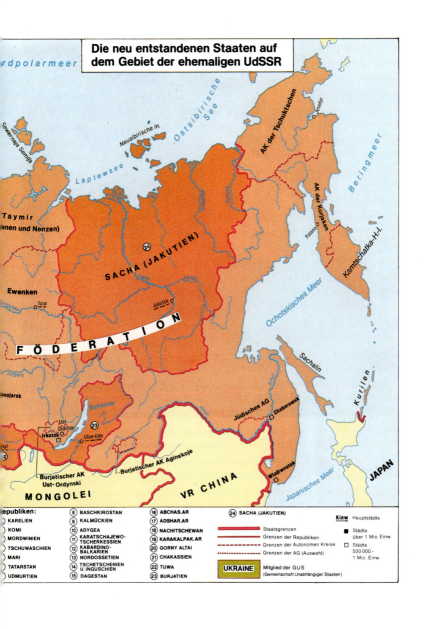

*Armee und Kirche, so scheint es, bilden wieder die tragenden Pfeiler des neu entstandenen russischen Nationalbewußtseins.*

jenes »Idioten«, dessen gütige Einfalt in den Augen des Schriftstellers als Zeichen göttlicher Erwähltheit erschien.

Auch Dostojewski zerbrach am Zwiespalt seiner Generation. Er überwarf sich mit seinem Altersgenossen Turgenjew, der sein Heil im Okzident suchte. In seinem düstersten Roman »Die Dämonen« wird Dostojewski von den eigenen Gespenstern eingeholt, von seiner Verbannung als Staatsfeind nach Omsk, seiner Leidenszeit als einfacher Soldat im kasachischen Semipalatinsk.

Die Monotonie des Adelslebens in der russischen Provinz bietet den Rahmen für »Die Dämonen«, jene Erzählung Dostojewskis, in der er mit seherischer Begabung die tragische geistige Verirrung seiner Zeit und das Aufkommen des Nihilismus beschreibt. Als Modell hatte er sich den Arbeitersohn Netschajew ausgesucht, einen Besessenen der Revolution um ihrer selbst willen. In der Figur des jungen Werchowjenskij zeichnet Dostojewski das Ebenbild Netschajews, der – seinen eigenen Schriften zufolge – »im Namen des totalen Umsturzes mit jeder Moral gebrochen hat, der nur einer Wissenschaft huldigt, der der Zerstörung«. Kurzum, es handelte sich um die Ideologie eines Rasenden. In der willkürlichen Beseitigung von Freunden und Gesinnungsgenossen offenbarten sich bei Werchowjenskij-Netschajew die totale Amoralität der revolutionären Aktion und ein menschenverachtender Wille zur Macht.

Fjodor Dostojewski, der Überlebende des sibirischen »Totenhauses«, hatte sich – allen persönlichen Leiden zum Trotz – in seinem literarischen Werk zu einer antiwestlichen, slawophilen Grundhaltung durchgerungen. Hundert Jahre später sollte Alexan-

*Der letzte Zar der Romanow-Dynastie, Nikolaus II. heiratete die Prinzessin Alice von Hessen-Darmstadt, die den Namen Alexandra Fjodorowna annahm.*

der Solschenizyn eine vergleichbare Entwicklung durchlaufen. Im Nihilismus, im blinden Wüten revolutionärer Kräfte, sah Dostojewski die Gefahr des russischen Untergangs. Viele seiner früheren Freunde haben es dem Autor nie verziehen, daß er in der christlich-orthodoxen Mystik und einem verzweifelten Glauben an die segensreiche Auswirkung der russischen Autokratie den Heilsweg des von ihm verklärten russischen Volkes und seiner slawischen Brüder erblickte. In seinem Meisterwerk »Die Brüder Karamasow« klingt die Parabel vom Großinquisitor wie eine Prophezeiung. Was hier als zynische Verkehrung der christlichen Erlösungsbotschaft beschrieben wird, deutet bereits auf die mörderische Pervertierung des sozialistischen Ideals der Menschheitsbeglückung hin, die sich im Zeichen des Bolschewismus vollziehen würde.

Im März 1894 bestieg Nikolaus II., der vorläufig letzte Zar der Romanow-Dynastie, den Thron Peters des Großen. Nahtlos fügte sich der neue Monarch in das Polizei- und Unterdrückungsregime, das ihm sein Vater Alexander III. hinterlassen und eindringlich ans Herz gelegt hatte. Er sah darin das einzige gottgewollte System, um das Heilige Rußland zu regieren. In seinen autokratischen Allüren wurde der farblose und willensschwache Nikolaus II. durch seine ehrgeizige Frau bestärkt. Alexandra Fjodorowna, wie sie sich seit ihrer Eheschließung nennen ließ, entstammte – wie so viele Zarinnen vor ihr – einem deutschen Geschlecht, dem Hause Hessen-Darmstadt.

In St. Petersburg gefiel man sich in militärischen Demonstrationen und huldigte dem ererbten Übel der »Paradomanie«. Das russische Imperium liebäugelte mit einer hemmungslosen territorialen Expansion in alle Himmelsrichtungen. Seit der Niederlage des Krimkrieges hatten das panslawistische Gedankengut, der großrussische Chauvinismus über alle halbwegs liberalen, westlich orientierten Tendenzen gesiegt. Polen und seine katholische Kirche wurden brutal der Willkür russischer Gouverneure ausgeliefert. Den Ukrainern wurde der Gebrauch der eigenen Landessprache untersagt. Die jüdische Bevölkerung wurde von Pogromen heimgesucht und suchte zum Teil in der Emigration die Errettung vor den Säbeln der Kosaken. Im Baltikum wurden die von Peter I. gewährten Privilegien abgeschafft. Eine radikale Russifizierung setzte auch hier ein.

Auf dem Balkan warteten die Armeen des Zaren nur auf die Gelegenheit, die Habsburger Doppelmonarchie zu beerben und den Marsch auf Istanbul wiederaufzunehmen. Im Fernen Osten nutzte die Peters-

*Nikolaus II. zu Pferde segnet seine Soldaten mit einer Ikone.*

burger Ausdehnungspolitik die Schwäche der maroden Qing-Dynastie, um sich die riesige Mandschurei de facto einzuverleiben. Der Hafen Port Arthur, in Reichweite Japans gelegen, wurde zur vorgeschobenen Bastion russischer Macht ausgebaut.

In Ostasien wurde die Herrschaft Nikolaus II. von einer militärischen Katastrophe eingeholt, von der sie sich nicht mehr erholen sollte. Am 8. Februar 1904 griff die japanische Armee und Marine in einem Überraschungsschlag die russische Festung Port Arthur an und eroberte sie nach schweren Kämpfen im Januar 1905. Das Reich der »aufgehenden Sonne« hatte seit der Meiji-Revolution in faszinierendem Rhythmus seine Modernisierung und seine Anpassung an westliche Leistungsnormen vollzogen.

Die Russen sahen sich in ihren fernöstlichen Besitzungen plötzlich mit einer asiatischen Großmacht konfrontiert. Die Japaner warfen die Armeen des Zaren auf breiter Front in der Mandschurei auf Mukden zurück.

In der Meerenge von Tsuschima wurde die zaristische Flotte, die den endlosen Seeweg von ihren europäischen Häfen ins Chinesische Meer angetreten hatte, auf Grund geschickt. Die Japaner versenkten die russische Armada und zwangen dem Zarenthron den demütigenden Frieden von Portsmouth auf.

Der schwächliche Nikolaus II. war der Situation in keiner Weise gewachsen. Das ganze Reich befand sich in einem Zustand des Aufruhrs und der Auflösung. In den Städten traten Agitatoren auf, die den naiven Vorstellungen der »Narodniki« längst den Rücken gekehrt hatten und im revolutionären Sozialismus, in den Lehren von Karl Marx und anderen deutschen Theoretikern des Klassenkampfes, das neue utopische Ziel, die Diktatur des Proletariats, das Paradies der Werktätigen suchten. Sogar die Bauernmassen lehnten sich gegen ihre zunehmende Verelendung und Ausbeutung auf. Streiks lähmten die industrielle Produktion.

Am 6. Januar 1905 versammelte sich das Volk von St. Petersburg vor dem Winterpalast, um vom Autokraten – der bei weiten Teilen des Volkes immer noch als Hoffnungsträger verehrt wurde – die Proklamation der längst fälligen Reformen an Haupt und Gliedern zu erbitten. Selbst ein Teil des Adels verlangte jetzt nach einer Verfassung und nach parlamentarischer Mitwirkung im Rahmen eines modernisierten Staates.

Die friedliche Demonstration von Petersburg wurde zum »blutigen Sonntag«. Provokateure der »Ochrana«, jener allmächtigen Geheimpolizei, die in die Spuren der berüchtigten »Opritschnina« Iwans des

Schrecklichen getreten war, lösten das Gemetzel aus. Die Palastgarde schoß blindlings in die Menge. Zwar wurde im Anschluß an diese Tragödie ein erster Ansatz zu repräsentativer Demokratie in einer »Duma« mit eng begrenzten Prärogativen oktroyiert. Doch die

Kluft zwischen dem Zarenthron und den Untertanen schien zum erstenmal in der russischen Geschichte auf irreparable Weise aufgerissen. Im Schwarzen Meer vollzog sich die Meuterei des Panzerkreuzers »Potemkin«, die dem Regisseur Eisenstein später die Inspiration zu seiner monumentalen Inszenierung bieten sollte. Vor allem die Niederschlagung des Volksprotestes durch Gardesoldaten und Kosaken, das wahllose Massaker auf der großen Treppe der Hafenstadt ist in die Filmgeschichte eingegangen.

Dennoch hätte sich alles noch zum Guten wenden können. Im ausgehenden neunzehnten Jahrhundert hatte eine phänomenale wirtschaftliche und industrielle Entwicklung Rußlands eingesetzt. Im wesentlichen war es ausländisches Kapital, das in dieses riesige Land mit den unermeßlichen Bodenschätzen investierte. Eine neue Schicht russischer Unternehmer nahm an dieser Entwicklung beachtlichen Anteil. Die darbende Bauernmasse, die immer noch achtzig Prozent der Bevölkerung ausmachte, flüchtete aus den armseligen Dörfern in die neu entstehenden Industrie- und Grubenzentren. Sie bot ihre billige und willige Arbeitskraft an.

Vor allem französische Staatsanleihen ermöglichten den Ausbau eines beachtlichen Eisenbahnnetzes, das sich bis in die fernsten Regionen verästelte, ganz Sibirien durchzog und kurz vor Ausbruch des Russisch-Japanischen Krieges die Pazifikküste erreichte. Diese Schienenstränge, die in den letzten Dekaden des Zarenreiches entstanden, bilden bis auf den heutigen Tag die unentbehrliche Transport-Infrastruktur der zerfallenen Sowjetunion.

Mit äußerstem Widerwillen hatten Nikolaus II. und

*Linke Seite: So stellte sich Europa den Ausgang des Russisch-Japanischen Kriegs vor! Der russische Bär zerdrückt den japanischen Gegner. Aber es kam ganz anders.*

seine Hofclique die parlamentarischen Gehversuche der Duma beobachtet. Nach den blutigen Ereignissen von 1905 war Sergej Witte als Regierungschef neu berufen worden, obwohl der Zar dem Wirtschaftsliberalismus und dem industriellen Expansionskurs dieses dynamischen Balten mit tiefstem Mißtrauen begegnete. Nach acht Monaten anarchischer Unruhen – eine Chance, die die kleine Fraktion der »Sozial-Revolutionäre« nicht zu ergreifen wußte – hatte Witte den monarchischen Absolutismus eingeschränkt. Aber Nikolaus II. entledigte sich dieses Ministers, der mit den bürgerlichen Freiheiten ernst machen wollte.

An seine Stelle berief er einen bodenständigen Landedelmann, Pjotr Arkadjewitsch Stolypin, zum Regierungschef in der Hoffnung, dieser zutiefst konservative Politiker werde das Land in den Griff bekommen. Tatsächlich ist Stolypin mit großer Härte gegen all jene Nihilisten und Umstürzler vorgegangen, die es allein im Jahr 1906 auf die erschreckende Zahl von vierzehnhundert politischen Morden gebracht hatten. Stolypin, dieser Mann der Ordnung, hatte jedoch das Grundübel Rußlands, die immer noch ungelöste Agrarfrage, klar erkannt und deren Überwindung durch einen kaiserlichen Ukas auf den Weg gebracht.

Dem russischen Bauern wurde endlich das Recht eingeräumt, der Zwangsjacke der Dorfgemeinschaft, der »Obschtschina«, sowie der altslawischen Kollektivordnung des »Mir« zu entfliehen und Herr auf der eigenen Scholle zu werden. Zur Finanzierung dieser bäuerlichen Selbständigkeit wurden Agrarbanken geschaffen und für den ländlichen Bevölkerungsüberschuß die Neuansiedlung von Kolonisten in den Weiten Sibiriens organisiert. Hätte Stolypin seine bäuer-

*Linke Seite: Als Vampir stellte das Ausland Zar Nikolaus II. dar, als er die Protestbewegung der Bevölkerung zusammenschießen ließ und den »Blutsonntag« auslöste.*

*Oben: Das erste russische Parlament wurde 1906 im Taurischen Palast von St. Petersburg eröffnet. Dort zeichnete sich vor allem Ministerpräsident Pjotr Stolypin als Befürworter einer großzügigen Bodenreform aus.*

liche Emanzipationspolitik konsequent fortsetzen können, hätte er vermutlich der bolschewistischen Revolution, die sich in intellektuellen Verschwörerkreisen vorbereitete, den Boden entzogen – so urteilte später kein Geringerer als Leo Trotzki.

Doch der konservative Reformer Stolypin wurde im September 1911 das Opfer eines Mordanschlags. Unter mysteriösen Umständen wurde er in Kiew bei einer Theateraufführung in Anwesenheit des Zaren erschossen. Offenbar war Nikolaus II. erleichtert, daß er, von diesem energischen Vormund befreit, nunmehr das Staatsschiff wieder den willfährigen Höflingen, den Kreaturen der hartlebigen Autokratie überlassen konnte. Mit Pjotr Stolypin wurde die letzte Hoffnung des Zarenreiches zu Grabe getragen, und es war bezeichnend, daß der Zar dieser Bestattung fern blieb.

Der Weg in die Katastrophe stand nunmehr offen. Die Zarin Alexandra Fjodorowna gab bei den intrigierenden Palastfraktionen den Ton an.

Die Generalität sah in der Auslösung einer kriegerischen Konfrontation mit den Mittelmächten die einzige Hoffnung, ihre chauvinistischen Ambitionen zu befriedigen, die innere Situation zu stabilisieren und Rußland wieder zum Gendarmen Europas zu machen. Die Allianz mit Frankreich zielte auf eine Einkreisung des Wilhelminischen Reiches hin. Blindlings stolperte das Imperium – in maßloser Überschätzung seiner Kräfte – in den Ersten Weltkrieg.

Aus der Tiefe Sibiriens kam neues Verhängnis auf Rußland zu. Ein völlig ungebildeter Mönch namens Rasputin hatte dort von sich reden gemacht. Bei den unwissenden Bauern gab er sich als Wundertäter, als gottgefälliger »Staretz«, aus. Die orthodoxe Kirche,

*Als der Erste Weltkrieg 1914 ausbrach, bildeten die Kosaken immer noch die Kerntruppe des Zarenreiches. Man war sich damals noch nicht bewußt, daß die Kavallerie für die modernen Schlachten nicht mehr taugte.*

die sich seiner charismatischen Gaben zunächst bedienen wollte, distanzierte sich von diesem seltsamen Heiligen, als sie seinen maßlosen Ehrgeiz und seinen liederlichen Lebenswandel durchschaute. Aber da war es zu spät.

Grigorij Rasputin hatte Zugang bei Hofe gefunden und besaß vor allem in der deutschstämmigen Zarin Alexandra eine überzeugte und ergebene Anhängerin. Dem seltsamen Mönch war es nämlich dank seiner hypnotischen Gabe gelungen, die lebensgefährlichen Blutungen des kleinen Zarewitsch Alexej zum Stillstand zu bringen. Der Zarensohn litt an unheilbarer Hämophilie, der erblichen Bluterkrankheit, und nur Rasputin – so schien es – war in der Lage, seine Krankheit einzudämmen.

Der falsche Staretz gewann sogar Zugang zu Nikolaus II., der ihn als seinen Freund bezeichnete. Er spielte sich als politischer und moralischer Ratgeber der Zarenfamilie auf. Fast zehn Jahre hat diese schleichende Einflußnahme gedauert, die vermutlich von den empörten Gegnern des Mönches weit überschätzt wurde, jedoch zur negativen Auslese an der Spitze des Staates beitrug. Immerhin hatte Rasputin den Zaren dringend davor gewarnt, sich in das drohende Inferno des Ersten Weltkrieges hineinziehen zu lassen. Seine Bestechlichkeit und sein anstößiger Lebenswandel lösten schließlich im Dezember 1916 eine Adelsverschwörung aus, die im Hause des Fürsten Jussupow, Nachkomme eines alten Tatarengeschlechts, zur Ermordung Rasputins führte.

Zum Zeitpunkt dieser tödlichen Abrechnung, die an finstere Episoden der »Smuta« erinnerte, tobten die Materialschlachten in West- und Osteuropa. Die russischen Armeen erlitten fürchterliche Verluste. Ni-

*Der Wunderheiler Rasputin in der Runde seiner Verehrerinnen.*

kolaus II. versuchte vergeblich, durch seine Anwesenheit im Hauptquartier von Mogilew Volksnähe zu beweisen. Das Imperium war reif für den Zusammenbruch. Der russische »Muschik« war nicht mehr bereit, für ein Vaterland und eine Monarchie zu sterben, die ihm nur Elend und Tod gebracht hatten.

Die totale Unfähigkeit des Zaren, einen Wandel einzuleiten, und die verstockte Arroganz Alexandra Fjodorownas taten ein übriges. Eine erste – bürgerlich und sozialdemokratisch orientierte – Revolution unter dem liberalen Reformer Kerenski zwang den Zaren zur Abdankung. Doch Kerenski beging den entscheidenden Fehler, den unwiderstehlichen Friedenswillen des leidenden russischen Volkes geringzuachten. Indem er den Krieg gegen die Mittelmächte weiterführte und sogar eine zusätzliche, verlustreiche Offensive einleitete, beschwor er den eigenen Sturz.

Die Stunde war reif für Wladimir Iljitsch Lenin und die kommunistischen Thesen von der klassenlosen Gesellschaft, von der Diktatur des Proletariats, für die Ideologie des dialektischen Materialismus. 1917 wurde der totale Bruch zur monarchischen und orthodoxen Überlieferung vollzogen. Die theokratische Vision vom »Dritten Rom« wurde abgelöst vom bolschewistischen Traum der Weltrevolution. In einem plombierten Waggon trat Lenin die Reise von Zürich, wo er im Exil konspiriert hatte, durch das Deutsche Reich in Richtung Finnland an. Der deutsche Generalstab hatte beschlossen, die radikalste Fraktion der russischen Revolutionäre, die sich als Bolschewiki bezeichneten, zu begünstigen.

Erst Lenin sollte den Marxismus zu jenem unerbittlichen Instrument des Klassenkampfes und der unmenschlichen Kollektivierung umfunktionieren, das ab 1924 dem Tyrannen Josef Stalin den Weg zur totalen Willkür und Macht ebnete. Bei seiner Reise im Zug war der kommende Vater der Oktober-Revolution noch von überwiegend intellektuellen Weggefährten begleitet. Sinowjew und Radek gehörten damals zu den engsten Vertrauten Lenins. Die starke jüdische Präsenz unter den Vorkämpfern des Kommunismus ließ sich durch die antisemitische Grundstimmung des untergehenden Zarenreiches erklären, würde jedoch in Zukunft die absurde These nähren, die bolschewistische Machtergreifung sei das Produkt einer weltweiten jüdischen Verschwörung gewesen.

Die Rechnung des deutschen Generalstabes sollte übrigens im Frühjahr 1918, beim Abschluß des Vertrages von Brest-Litowsk, aufgehen. Lenin schloß mit dem Wilhelminischen Reich einen Frieden um jeden Preis und nahm immense territoriale Opfer in Kauf.

Für die Mittelmächte kam dieser Sieg an der Ostfront dennoch zu spät. Auch in Berlin und Wien wankten bereits die Throne.

Die Oktober-Revolution des Jahres 1917 haben die kommunistischen Machthaber nachträglich in einer grandiosen Geschichtsfälschung verzerrt. Der Sturm auf den Winterpalast hat sich sehr viel prosaischer, harmloser vollzogen, als die bombastischen Bilder des Regisseurs Eisenstein glauben machen.

Die Historie wurde in St. Petersburg auf ähnliche Weise manipuliert, wie das bereits bei der Erstürmung der Bastille in Paris stattgefunden hatte. Das

*Alexander Kerenski forderte die Truppe zum Durchhalten auf.*

Zarenreich hat den meuternden Matrosen und den ersten Rotarmisten kaum Widerstand geleistet. Als einziger Schutz der Hauptstadt wurden das Kadettenkorps und ein Frauenbataillon aufgeboten. Die Revolutionäre hatten leichtes Spiel. Der Zar und seine Familie befanden sich ohnehin weitab von St. Petersburg, das sich in jenen Tagen den Namen Leningrad verdiente, in der sibirischen Stadt Tobolsk. Von dort wurde der gestürzte Monarch unter der Eskorte lettischer Schützen als Gefangener in die Stadt Jekaterinburg transportiert, die später in Swerdlowsk umbenannt wurde. Dort wurden im Juli 1918 der letzte Autokrator der Romanow-Dynastie, seine Frau und seine Kinder im Keller des Ipatjew-Hauses ermordet.

Damit an dieser Stelle keine verspätete Kultstätte, kein Märtyrergedenken aufkommen könne, ließen die kommunistischen Behörden von Swerdlowsk noch im Jahr 1981 das Haus Ipatjew dem Erdboden gleichmachen. Der verantwortliche kommunistische Parteisekretär von Swerdlowsk, der diese Aktion befehligte, trug den Namen Boris Jelzin. Er konnte damals nicht ahnen, daß er eines Tages als gewählter Präsident Rußlands die Nachfolge des ermordeten Zaren Nikolaus II. antreten würde.

*Linke Seite:
In einer Apotheose erscheint Wladimir Iljitsch Lenin als der Verkünder der klassenlosen Gesellschaft und der Diktatur des Proletariats.*

\*

Seit der Ermordung des Zaren Nikolaus II., seit der Abschaffung der russischen Monarchie und der brutalen Unterdrückung der orthodoxen, prawo-slawischen Kirche sind nunmehr fünfundsiebzig Jahre vergangen. Aber überall in Rußland, sogar im Moskauer Parlamentsgebäude, stößt der verblüffte Besucher auf zahllose Darstellungen und Fotos des letzten Roma-

*Von unentwegten Monarchisten und großrussischen Chauvinisten wird Nikolaus II. heute als Märtyrer-Zar verehrt.*

now-Herrschers. Die Popen sind ohnehin überall zugegen mit ihren Ikonen und Prozessionen, als sei der ganze Gottlosen-Aktivismus wirkungslos verpufft. Vor dem Lubjanka-Gebäude von Moskau, wo – von der Tscheka bis zum KGB – die unzähligen Verästelungen eines staatsterroristischen Geheimdienstes zusammenliefen, ist die gestürzte Statue des ersten Tschekisten, Felix Dscherzinski, durch ein hölzernes Kreuz ersetzt worden mit der konstantinischen Verheißung: »In diesem Zeichen wirst du siegen«.

Schon ist die inoffizielle Rehabilitation Nikolaus' II. in volkstümliche Schwärmerei ausgeartet. Allen Ernstes diskutieren die orthodoxen Kleriker, ob man diesen »Märtyrer-Zar« heiligsprechen soll. Als Großfürst Wladimir, der letzte Thronanwärter der Romanow-Dynastie, der sein Leben im Pariser Exil verbracht hatte, im April 1992 starb, wurde er in der

Peter-und-Paul-Festung in St. Petersburg begraben. Da sammelten sich die Repräsentanten monarchischer Nostalgie zu einer etwas gespenstischen Erinnerungszeremonie. Schon wird nach einem neuen Prätendenten Ausschau gehalten, denn der Sohn Wladimirs, der präsumtive Zarewitsch, steht noch im Kindesalter.

Die restaurativen, ja, reaktionären Elemente der dynastischen und nationalen Wiedergeburt schrecken auch vor chauvinistischen Exzessen, großrussischen Drohgebärden und antisemitischer Hetze nicht zurück. In paradoxer Eintracht sammeln sich auf dem Roten Platz die verbissenen, rückwärtsgewandten Demokratie-Gegner sowohl unter der schwarz-gelb-weißen Fahne des Zarentums als auch unter dem roten Banner der gescheiterten Weltrevolution. Die schwarz uniformierten Anhänger des Kampfbundes »Pamiat«, dessen Name man mit »Gedenken« übersetzen kann, berufen sich unverblümt auf die Ordnungstruppe Iwans des Schrecklichen, auf die gefürchtete »Opritschnina«, um Disziplin und Zucht wiederherzustellen, um den verhängnisvollen Einfluß westlicher Dekadenz mit slawischen Urtugenden zu begegnen.

Selbst Josef Stalin sieht sich bei solchen Kundgebungen, die vorläufig noch Randerscheinungen bleiben, eingereiht in die nationale Tradition. Die Zarenverehrer und die Zarenmörder finden auf seltsamen Umwegen zusammen, und auch das ist kein einmaliger Vorgang in der blutverkrusteten moskowitischen Erbfolge.

# Sowjetmacht
# und Untergang

Das Rußland von heute tut sich schwer mit Wladimir Iljitsch Lenin. Dieses Volk von Ikonen-Verehrern schreckt nach dem Ende der Sowjetunion vor dem Bildersturm zurück. Manche würdigen in Lenin weiterhin den Vater einer Revolution, der sie insgeheim nachtrauern. Im übrigen wurde die Legende akkreditiert, nur Stalin sei für den unsäglichen Terror verantwortlich gewesen, der die Errichtung des Kommunismus begleitete. In Wirklichkeit hatte Lenin die Richtung gewiesen, die in die totale staatliche Unterdrükkung mündete. Noch ruht der einbalsamierte Leichnam des Gründers der Sowjetunion in seinem Marmor-Mausoleum. Aber seine Züge verblassen.

Nicht Wladimir Iljitsch Lenin, der bereits 1924 nach langem Siechtum starb, hat der späteren Sowjetmacht seinen Stempel aufgedrückt, sondern Josef Stalin. Man hat heute Mühe, sich den ungeheuerlichen Personenkult vorzustellen, mit dem sich dieser Tyrann umgab, der aus dem georgischen Kaukasus stammte. Als er sich im Mai 1945 mit dem Flugzeug zu seinen Streitkräften nach Berlin begab – die deutsche Reichshauptstadt war gerade von der Roten Armee erobert worden –, erschien der »Völkervater«, wie er sich

*Linke Seite:
Im Februar
1989 rollten die
letzten sowjetischen Panzer
aus Afghanistan ab. Die
Niederlage der
Invasionsarmee
war damit vollzogen.*

*Ostern 1992: Die Sowjetunion ist längst auseinandergebrochen. Aber immer noch stauen sich lange Besucherschlangen vor dem Lenin-Mausoleum.*

nennen ließ, seinen jubelnden Soldaten wie ein gottähnlicher Autokrator in der großen byzantinischen Tradition. Josef Wissarionowitsch Stalin, mit wirklichem Namen Dschugaschwili geheißen, betrachtete sich als authentischen Nachfolger Iwans des Schrecklichen. Nach diesem Modell des Grauens gebärdete er sich sein Leben lang.

In einem Siegessturm sondergleichen war die Rote Armee im Frühjahr 1945 in den letzten Verteidigungsring von Berlin eingebrochen. Das Bild von dem sowjetischen Stoßtrupp, der auf der Ruine des Reichstags die rote Fahne der Weltrevolution hißte, ging um die ganze Welt. In der russischen Geschichtsschreibung könnte man den Fall der deutschen Hauptstadt, wo Adolf Hitler im Bunker der Reichskanzlei Selbstmord beging, mit jenem großartigen und für Rußland entscheidenden Waffenerfolg vergleichen, den

*Links: Sowjetische Sturmtruppen hissen das Banner der Weltrevolution über dem Reichstag in Berlin.*

*Unten: In einer symbolischen Geste der Demütigung werden die Fahnen des Dritten Reiches vor Marschall Stalin in den Staub geworfen.*

Iwan IV., der Schreckliche, vierhundert Jahre zuvor an der Wolga davontrug, als er mit der Vernichtung der Tataren-Festung Kasan der langen und tödlichen Bedrohung Muskowiens durch die mongolisch-türkischen Steppenvölker ein Ende setzte. Berlin, das war gewissermaßen das »Kasan des Westens«.

Die spätere sowjetische Mythenbildung hat die ersten furchtbaren Rückschläge, die die Rote Armee nach der deutschen Großoffensive im Sommer 1941 erlitt, systematisch heruntergespielt. Wenn Hitler und seine Generale im Rußlandfeldzug scheiterten, so war das im wesentlichen auf seine wahnwitzige Blut-und-Boden-Ideologie zurückzuführen, die – wie erwähnt – den slawischen oder asiatischen Völkern nur die Rolle von Knechten der nordischen Herrenrasse zuweisen wollte. In der sowjetischen Darstellung hingegen war

*Im Jahr 1928 begann die Zwangskollektivierung der russischen Landwirtschaft. Die Bauern wurden in großflächigen Produktionsgemeinschaften – Kolchosen und Sowchosen – zusammengefaßt.*

das Überleben der Sowjetunion in erster Linie dem strategischen Genie Stalins zu verdanken. Mit sicherem propagandistischen Instinkt hatte er in der Tradition des Generals Kutusow, des Siegers über Napoleon, den »Großen Vaterländischen Krieg« proklamiert.

Tatsächlich wurde die Wehrmacht vor den Toren Moskaus zum Stehen gebracht. Als sich dann im Winter 1942/43 mit der symbolträchtigen Schlacht von Stalingrad die endgültige Wende des Kriegsglücks zu Ungunsten der Deutschen vollzog, wurde systematisch die Erinnerung an Peter den Großen und an dessen Sieg über den Schwedenkönig Karl XII. in Poltawa gepflegt. Der Kaukasier Stalin war zur Verkörperung des großrussischen Patriotismus geworden. Er fügte sich selbstherrlich in eine Ahnengalerie ein, an deren Anfang schon Alexander Newski, der Bezwinger des Deutschritterordens, stand. Bei der grandiosen Siegesfeier auf dem Roten Platz in Moskau wurden als Zeichen der Erniedrigung die Standarten mit dem Hakenkreuz und die Fahnen des geschlagenen Dritten Reiches dem roten Tyrannen zu Füßen geworfen.

Nach dem Tode Lenins hatte sich Josef Stalin als Generalsekretär der Kommunistischen Partei der Sowjetunion systematisch Einfluß und Macht verschafft. 1928 machte er Schluß mit dem Experiment der »Neuen Ökonomischen Politik«, die das nachrevolutionäre Rußland aus der schlimmsten Misere herausgerissen hatte. Jetzt begann der Aufbruch zu einer gigantischen, rücksichtslosen Industrialisierung. Jetzt wurde die totale Kollektivierung der Landwirtschaft verfügt. Die Klasse der unabhängigen, mittleren Bauern, die es zu bescheidenem Wohlstand gebracht hat-

*Dem stalinistischen Terror fielen nicht nur die politischen Gegner des Kommunismus zum Opfer, sondern ganze Bevölkerungsschichten. Vor allem die unabhängigen Bauern, die »Kulaken«, wurden systematisch in den Hungertod getrieben.*

ten, wurde deportiert oder ausgerottet. Der »Kasernen-Kommunismus« Stalins zielte auf die totale gesellschaftliche Einebnung, die ideologische Versklavung, die gewaltsame Züchtung des neuen »Sowjetmenschen« hin. Unter Stalin wurde der nackte Terror zum zentralen Instrument der Staatsführung. Die Historiker haben errechnet, daß dreißig Millionen Menschen den diversen Säuberungskampagnen zum Opfer fielen – mehr, als der »Große Vaterländische Krieg« gegen die Deutschen fordern sollte.

Die Genossen der eigenen Kommunistischen Partei hat er keineswegs geschont. Ein Drittel aller kommunistischen Spitzenfunktionäre wurde hingerichtet. Tscheka und GPU, die gefürchteten und allmächtigen Unterdrückungsapparate des Bolschewismus, bewegten sich auf den Spuren der berüchtigten »Opritschnina« Iwans des Schrecklichen. Die Schauprozesse von Moskau wurden in den letzten Jahren des »Großen Schreckens« zwischen 1935 und 1938 zum unerträglichen Spektakel der Demütigung, der Selbstverleugnung ehemaliger kommunistischer Weggefährten, die der rote Tyrann als Verräter hinrichten ließ. Selbst das Führungskorps der Roten Armee wurde in diese gigantische Liquidierung der dreißiger Jahre einbezogen. Die Marschälle Tuchatschewski und Blücher waren die prominentesten von etwa 25 000 Offizieren, die vor die Exekutions-Pelotons gezerrt wurden.

Dostojewskis düsterste Vorahnungen schienen sich unter Stalins Diktatur zu verwirklichen. Im Roman »Die Dämonen« hatte der große Schriftsteller den Verschwörer Liputin sagen lassen: »Die Idee, hundert Millionen Köpfe abzuschlagen, ist ebenso schwer zu verwirklichen wie die Umgestaltung der Welt durch

Propaganda. Vielleicht noch schwerer, besonders wenn es in Rußland geschehen soll.« Dazu bemerkte ein von Dostojewski zitierter Offizier: »Man scheint jetzt allgemein auf Rußland zu hoffen.« Stalin hat es fertiggebracht, diese wahnwitzigen Fieberträume eines imaginären Nihilisten in die Tat umzusetzen.

Dennoch wurde das Begräbnis Stalins im März 1953 zu einer gigantischen Kundgebung spontaner Trauer, zum Spektakel einer hysterischen, postumen Verehrung. Seit tausend Jahren lebte dieses Volk unter der Knute seiner Despoten. Auch dem roten Zaren aus Georgien war am Ende eine sakrale Verehrung zuteil geworden. Die Sowjetunion hat lange gebraucht, um sich aus dem Schatten dieses stählernen Diktators zu lösen, der in der Nachfolge Iwans IV. und Peters des Großen wie kein anderer das Antlitz Rußlands geprägt hat. Aus dem Kollektivgedächtnis ist diese mörderische Vatergestalt wohl längst nicht verdrängt. Heute noch – nach Glasnost und Perestroika – werden die Porträts, die Ikonen Stalins, bei den Kundgebungen unverbesserlicher Nostalgiker der Sowjetmacht in Ehren gehalten.

Auf den Knochen von Millionen geschundener und verhungerter Untertanen hat Josef Wissarionowitsch Stalin eine totale Umstrukturierung Rußlands erzwungen. Die Resultate der beiden Fünfjahrespläne von 1928 bis 1938 klingen phänomenal. Im Jahr 1938 war die sowjetische Stahlproduktion auf achtzehn Millionen Tonnen gestiegen, mehr als die britische und die französische Erzeugung zusammen. Er ließ riesige Staudämme bauen und trieb damit die von Lenin gepriesene Elektrifizierung voran. Die Energieerzeugung wuchs zwischen 1930 und 1938 um das Zweieinhalbfache.

Die Sowjetunion entwickelte sich zu einer der führenden Industriemächte der Welt. Kurz vor Ausbruch des Zweiten Weltkriegs hatte auch die Lebensmittelerzeugung ein ausreichendes Niveau erreicht, so daß auf Rationierung weitgehend verzichtet werden konnte. Dem roten Tyrannen war es – allem Grauen der Repression und des Gulag zum Trotz – gelungen, einem großen Teil der einfachen sowjetischen Bevölkerung, den vom Regime bevorzugten Industriearbeitern vor allem, das Bewußtsein einer hohen revolutionären Mission einzuflößen, und diese würde auch nicht an den Grenzen der damaligen Sowjetmacht haltmachen. Nach der Vernichtung der Kulaken fügte sich das Landvolk in jene vom Sozialismus geprägte Kollektivform der Kolchosen und Sowchosen, die in mancher Hinsicht der uralten ostslawischen Tradition entsprach. Die tausendjährige Leibeigenschaft hatte

*Noch ist die Erinnerung an den Tyrannen aus Georgien nicht erloschen. Im Jahr 1992 wird sein Porträt immer wieder von den Nostalgikern des Bolschewismus hochgehalten.*

sich ja auch schon auf die ererbten Dorfstrukturen der »Obschtschina« und des »Mir« gestützt.

Nach den Verwüstungen des Zweiten Weltkriegs und den schrecklichen Verlusten, die Rußland zwischen 1941 und 1945 erlitten hatte, ordnete Stalin radikale neue Aufbaupläne an, die ebenfalls nur unter extremer Ausbeutung der Volkskraft und unter entsetzlichen Opfern verwirklicht werden konnten. Selbst in dieser desperaten Notlage hat er es zu beachtlichen Ergebnissen gebracht und die Sowjetunion – zunächst auf dem Gebiet der militärischen Rüstung – als Rivalin der einzigen intakten Hegemonialmacht, der USA, ins Rennen gebracht.

Während die offizielle Kulturstrategie des gefügigen Schdanow die Platitüden des sozialistischen Realismus zur Norm einer jeden künstlerischen Äußerung erhob, ertrug der Menschenverächter im Kreml die kompositorischen Extravaganzen eines Schostakowitsch. Ähnliche Duldung genoß offenbar der Schriftsteller Bulgakow, dessen Roman »Der Meister und Margarita« in den mörderischen dreißiger Jahren entstand, auch wenn er erst viel später der Öffentlichkeit zugänglich gemacht wurde. Der georgische Tyrann genoß es wohl, stets unberechenbar zu bleiben bis in die seltenen Anwandlungen launischer Toleranz. »Der Meister und Margarita«, ein phantastisches, für die westliche Ratio schwer zugängliches Mysterienspiel, verdient deshalb unsere Erwähnung, weil dieses Literaturprodukt aus der Stalin-Zeit heute – im Zeichen der radikalen Absage an den Marxismus-Leninismus – gerade bei der russischen Jugend höchste Verehrung genießt. Da kommt es bei Bulgakow zu einem gespenstischen Dialog zwischen Jesus und Pontius Pilatus. Am Ende stehen die Personen des Romans, Publikum einer absurden Theateraufführung, splitternackt zwischen den Sitzen und hasten panikartig ins Freie. Sie haben weder Kleider noch ein Zuhause mehr.

In die Endzeit des Stalinismus fiel nicht nur die kolossale Ausweitung des sowjetischen Machtbereichs auf dem Balkan wie in Ost- und Mitteleuropa. Im Januar 1949 verwandelte Mao Tsetung das riesige Reich der Mitte in die kommunistische Volksrepublik China. Neben Marx und Engels verehrte die offizielle Hagiographie Pekings auch Lenin und Stalin als Propheten der Weltrevolution. Doch der alte Georgier war erfahren und argwöhnisch. Instinktiv hatte er begriffen, daß das Hochkommen eines zweiten kommunistischen Giganten den Führungsanspruch Moskaus im sozialistischen Lager auf Dauer in Frage stellen müsse. Von Anfang an herrschte Mißtrauen zwischen den beiden roten Imperien.

Seit Ausbruch des Kalten Krieges wurde Amerika, der einstige Verbündete gegen Hitler, in Moskau als Hort der Reaktion und des kapitalistischen Imperialismus angeprangert. Gegen diesen internationalen Klassenfeind konnte Josef Stalin noch einen spektakulären Erfolg verbuchen. In einem unerhörten wissenschaftlichen Kraftakt, gestützt auf eine einzigartige Industriespionage, gelang es russischen Ingenieuren, im Jahr 1949 die erste sowjetische Atombombe zu zünden. Stalin hatte die Direktive ausgegeben, die Sowjetunion müsse sich den USA als ebenbürtige Nuklearmacht in den Weg stellen. Er verpflichtete seine Nachfolger zur Schaffung eines ungeheuerlichen Vernichtungspotentials, und zumindest in diesem Punkt hat sich sein imperiales Testament verwirklicht.

*Rechte Seite, oben links: Nach dem Fehlschlag der Raketenstationierung in Kuba wurde Nikita Chruschtschow als Sicherheitsrisiko empfunden und durch das Politbüro entmachtet.*

*Rechte Seite, oben rechts: Die letzte Herrschaftsphase des Generalsekretärs Leonid Breschnew stand im Zeichen der »Stagnation«. Breschnew war von schwerer Krankheit gezeichnet und mußte bei öffentlichen Auftritten gestützt werden.*

Heute sind wir alle klug. Aber noch im Jahr 1988, eine knappe Generation nach Stalins Begräbnis, hätte niemand sich vorstellen können, daß in den folgenden drei Jahren das Warschauer-Pakt-System sich auflösen, die deutsche Wiedervereinigung stattfinden und das Ende der Sowjetunion sich sang- und klanglos vollziehen würde. Im nachhinein fehlt es auch nicht an scheinbar stichhaltigen Erklärungen. Keine davon kann überzeugen. Das Hauptargument, das Sowjetimperium sei an seinem Unvermögen gescheitert, die längst fällige Anpassung an die moderne Technologie und die Gesetze der Konsumgesellschaft zu vollziehen, klingt nicht glaubwürdig. Wann hat man je einen straff geführten autoritären Staat an ökonomischen Problemen zerbrechen sehen? Im übrigen hatte das Volk im poststalinistischen Rußland bescheiden, aber weit besser gelebt als nach der Einführung von Glasnost und Perestroika. Die Industrie funktionierte – bei aller zum Himmel schreienden Unzulänglichkeit – weit produktiver in der Ära Chruschtschow oder Breschnew als unter Gorbatschow und Jelzin. Aus dem Versuch, den Untergang der Sowjetmacht durch sozioökonomische Faktoren zu erklären, spricht nicht nur eine materialistische Geschichtsinterpretation. Hier spielen auch noch spätmarxistische Denkschablonen mit, selbst wenn sie von engagierten Befürwortern der kapitalistischen Marktwirtschaft vorgetragen werden.

Der Niedergang hat sich im übrigen nicht geradlinig vollzogen. Selbst nach dem spektakulären Scheitern der sowjetischen Raketenstationierung auf Kuba hatte Nikita Chruschtschow in keiner Weise die Hoffnung aufgegeben, den amerikanischen Hegemonialrivalen binnen zehn Jahren zu überrunden. Zumindest

auf dem Gebiet der Weltraumforschung lag die Sowjetunion in den späten fünfziger Jahren eindeutig vorn. Nach dem gelungenen Satelliten-Experiment »Sputnik« und der Entsendung des Kosmonauten Gagarin in die Erdumkreisung hatte die russische Raketentechnik die Amerikaner das Fürchten gelehrt. Gewiß wandte sich das Moskowiter-Reich viel zu spät vom stalinistischen Erbe des industriellen Gigantismus ab. Aber selbst in Westeuropa, insbesondere in Frankreich, sah man noch in den späten fünfziger Jahren in der forcierten Entwicklung der Montan-Industrie den Schlüssel zur wirtschaftlichen Wettbewerbsfähigkeit.

Wenn die verschiedenen Ansätze Chruschtschows, die eigene Produktion auf Weltniveau zu bringen und die zweite industrielle Revolution zu meistern, kläglich fehlschlugen, so mag dabei der Verzicht auf das

*Oben und nächste Seite: Unter den Epigonen Stalins vollzog sich der allmähliche Niedergang der Sowjetmacht.*

stalinistische Zwangs- und Terrorregime eine wesentliche Rolle gespielt haben. Auf dem XX. Kongreß der KPdSU waren die Verbrechen des Stalinismus enthüllt worden. Nach und nach leerten sich die Vernichtungs- und Arbeitslager, reduzierte sich der Archipel Gulag. Damit vollzog Moskau keineswegs eine Hinwendung zu politischer Liberalität. Die Gottlosen-Kampagne zum Beispiel war unter Chruschtschow unerbittlicher als in den letzten Jahren Stalins, und nach außen ließ die Sowjetunion mit der Besetzung Ungarns im Herbst 1956 und diversen Berlin-Krisen weiterhin die Muskeln spielen. Doch den Bewohnern des Sowjetimperiums saß nicht mehr die tägliche Angst, der Schrecken vor der unberechenbaren, despotischen Willkür im Nacken. Eine allmähliche Lokkerung der ideologischen Oppression war sogar spür-

*Die Riege der alten Männer – links im Bild Generalsekretär Juri Andropow und neben ihm sein unfähiger Nachfolger Konstantin Tschernenko – trug zur Lähmung des Sowjetsystems bei.*

bar geworden, als Chruschtschow durch einen parteiinternen Staatsstreich abgesetzt wurde.

Auch Leonid Breschnew, der sich nach einer kurzen Phase des Troika-Systems als neuer starker Mann profilierte, hat das rote Imperium zu stärken und zu mehren gesucht. Das Existenzniveau der breiten Massen war mit dem Wohlstand des Westens in keiner Weise zu vergleichen. Ganz allmählich besserten sich dennoch die Lebensbedingungen, und dafür nahmen die Untertanen, die am Jahrestag der Oktoberrevolution dem neuen Potentaten huldigten, in Kauf, daß unter Breschnew eine skandalöse Korruption der Nomenklatura einsetzte, die Vetternwirtschaft blühte, ja, mafia-ähnliche Verflechtungen bis in die Spitze der allmächtigen Einheitspartei hineinreichten.

In der ersten Phase der Breschnew-Ära schien die Sowjetunion, zumindest was den militärischen Bereich betraf, noch immer wie ein »rocher de bronze«. Wenn die Rote Armee auf dem Roten Platz der ererbten russischen »Paradomanie« huldigte, dann demonstrierten diese martialischen Gebärden, das Vorzeigen der nuklearen Folterinstrumente, den ungebrochenen Willen Moskaus, gegen die amerikanische Herausforderung in der gesamten Dritten Welt anzutreten. Nicht nur in Vietnam hat Moskau damals einen Stellvertreterkrieg gegen die USA gewonnen. Sowjetfreundliche Regime nisteten sich in Schwarzafrika ein, und sogar in Lateinamerika, bis hin nach Feuerland, fand Moskau ideologische Verbündete. Wenn es um die Wahrung des territorialen Besitzstandes ging, wenn die Einheit des kommunistischen Lagers bedroht war wie im Prager Frühling 1968, wurden die Panzerdivisionen des Warschauer Pakts in Marsch gesetzt. Sie unterdrückten jeden Abspaltungsversuch.

Die »Breschnew-Doktrin« garantierte die Unverletzlichkeit des sozialistischen Lagers, und die Konferenz von Helsinki war ursprünglich von dem Kreml-Gewaltigen angeregt worden, um den Status quo in Europa, insbesondere im geteilten Deutschland, für alle Zeiten zu zementieren.

Gleichzeitig bemächtigte sich der höchsten Parteiführung eine seltsame Paralyse. In den letzten Jahren seiner Herrschaft wurde Leonid Breschnew von Krankheit, physischem Verfall, angeblich auch von Alkoholismus gelähmt. Er war nur noch der Schatten seiner selbst, bewegte sich wie ein Roboter. Diese unerklärliche Ohnmacht an der Spitze setzte sich unter Juri Andropow, dem neuen Generalsekretär und ehemaligen KGB-Chef, fort. Andropow stand bei seiner Amtsübernahme bereits unter Dialyse und war vom Tod gezeichnet. Ein noch desolateres Spektakel bot der völlig unbedarfte Tschernenko, dessen Staatsbegräbnis die Ratlosigkeit eines Volkes ohne wirksame Führung und einer an sich selbst irre gewordenen Parteihierarchie bloßstellte.

Unterdessen ging der Wettstreit der beiden Supermächte weiter, obwohl die »Konferenz für Sicherheit und Zusammenarbeit in Europa« als permanente Institution zustande kam und verschiedene Abkommen – ABM und START – über nukleare Begrenzung von Moskau und Washington unterzeichnet wurden. Um gegenüber der westlichen Allianz einen eindeutigen Vorsprung zu gewinnen, rüsteten sich die sowjetischen Streitkräfte mit Mittelstreckenraketen vom Typ SS 20 aus. Es galt, zwischen die atlantischen Verbündeten einen Keil zu treiben, den amerikanischen Nuklearschirm für die Europäer in Frage zu stellen. Tatsächlich schien 1983 der Erfolg dieses Manövers schon

halb gesichert, als in Deutschland Hunderttausende von Demonstranten auf die Straßen gingen, um der sogenannten Nachrüstung der NATO, der Stationierung von amerikanischen Pershing-II-Raketen, Einhalt zu gebieten. Aber die »Atlantische Allianz« hat dieser Belastung standgehalten, und die Regierung Kohl ist nicht zurückgewichen.

*Auch das späte Sowjetregime huldigte am Tage der Oktoberrevolution der »Paradomanie«, die es von den Zaren ererbt hatte.*

Im Gegenteil, der amerikanische Präsident Reagan löste nun resolut mit seinem SDI-Programm einen Rüstungswettlauf aus, der die Sowjetunion in den wirtschaftlichen Ruin treiben sollte, aber auch die Finanzkraft der USA aufs schwerste belastete. Daß dieser »Krieg der Sterne« das sowjetische Wirtschaftssystem tatsächlich zugrunde gerichtet habe, ist oft behauptet, aber nie plausibel bewiesen worden. Nichts zwang die Strategen im Kreml, sich auf diese zusätzliche Kraftprobe einzulassen. Das bereits vor-

handene Arsenal, die »Overkill«-Kapazität der roten Ballistiker hätte für die kommenden Jahrzehnte voll ausgereicht, das atomare Patt gegenüber Amerika zu wahren.

Entscheidenden Anteil an der allmählichen Diskreditierung des sowjetischen Herrschaftssystems hatte zweifellos der unverzagte, katholisch geprägte Patriotismus der Polen. Im Satellitensystem Moskaus war Polen stets ein erratischer Block geblieben. Als der Papst Woityla unter dem Pontifikalnamen Johannes Paul II. in Tschenstochau vor die jubelnden Massen seines Volkes trat, erschien er nicht nur in den Augen der Moskowiter als wiedererstandener »Rex Poloniae«, als König von Polen. Die Schwarze Madonna hatte die Herzen der Polen stets gegen die verhaßten Idole des Marxismus-Leninismus stark gemacht. Auch der von General Jaruzelski ausgerufene Ausnahmezustand konnte nichts daran ändern, daß Polen ein unverdaubarer Brocken im sozialistischen Lager blieb. In Krakau und Warschau erinnerte man sich unentwegt daran, daß die polnische Ritterschaft einst im Moskauer Kreml Garnison gehalten hatte. An eine Überbrückung dieses nationalen und konfessionellen Gegensatzes war gar nicht zu denken. Dennoch wäre die Behauptung übertrieben, der Arbeiterführer Lech Walesa, der später Staatschef werden sollte, hätte mitsamt seiner »Solidarność« die Grundfesten der Sowjetmacht erschüttert.

*

In Zentralasien stieß der immer noch rege sowjetische Expansionismus hingegen auf eine verhängnisvolle Gegnerschaft. Als im Dezember 1979 die Rote Armee die afghanische Hauptstadt Kabul besetzte, hatte niemand geglaubt, daß dieses rückständige islamische Volk von Hirten und Bauern, das noch in der Misere des Mittelalters zu vegetieren schien, mehr als hinhaltende Abwehr leisten konnte. Die »Mudschahidin« Afghanistans haben mit geringen militärischen Mitteln dem gewaltigen Aufgebot der sowjetischen Streitkräfte standgehalten. Ihr »Heiliger Krieg« erlahmte nicht. Die Kampfbegeisterung gegen den verhaßten Kommunismus und die gottlosen russischen Eindringlinge stützte sich auf eine felsenfeste religiöse Überzeugung, auf die Verwurzelung dieser einfachen Menschen in ihrem Glauben an Allah und seinen Propheten. Nicht nur die Rote Armee wurde am Ende in Afghanistan besiegt. Die Ideologie der marxistischen Weltrevolution wurde hier von der neu erstrahlenden islamischen Heilsbotschaft in Schach gehalten. Am Hindukusch zerbrach die »Breschnew-Doktrin«. In

*Linke Seite: Im Herbst 1983 wäre es der sowjetischen Diplomatie beinahe gelungen, die Durchführung des NATO-Doppelbeschlusses, die Stationierung der Pershing-II-Raketen, zu verhindern. Hunderttausende demonstrierten in der Bundesrepublik zugunsten der sowjetischen Vorschläge und gegen die Beschlüsse der Atlantischen Allianz.*

*Der polnische Papst Johannes Paul II. trug mächtig dazu bei, seinen Landsleuten den Rücken gegen die sowjetische Hegemonialpolitik zu stärken. Im Volk erschien er als neuer »Rex Poloniae«.*

Afghanistan ereignete sich gewissermaßen der Urknall, der den Niedergang des Sowjetimperiums auslöste und weithin sichtbar machte. Das Trauma dieses vergeblichen Feldzuges, der 1989 mit dem Rückzug über den Amu Daria endete, lastet weiterhin auf den verbitterten Afghanistan-Veteranen, die im russischen Oberkommando heute den Ton angeben.

Der von Napoleon zitierte »Zufall« bemächtigte sich nunmehr einer chaotischen sowjetischen Entwicklung. Das Staatsschiff trieb steuerlos dem Abgrund entgegen. Im März 1985 war der fünfzigjährige Michail Gorbatschow zum Generalsekretär der allmächtigen Kommunistischen Partei berufen worden. Später sollte er diese Verfügungsgewalt durch die Würde des Staatspräsidenten erweitern. Auf Gorbatschow richteten sich die Hoffnungen Rußlands und der Welt. Diesem Mann war die historische Chance geboten, ein neuer Peter der Große zu werden, die ideologischen Verkrustungen zu zerbrechen, die Lähmungen eines byzantinischen Systems zu überwinden. Als Gorbatschow das Erbe der Zaren übernahm, waren das Ende der Sowjetmacht und nicht einmal der Zerfall ihres Satellitensystems in irgendeiner Weise vorprogrammiert. Mit energischer Hand hätte der neue Generalsekretär sein Imperium an Haupt und Gliedern erneuern können. Voraussetzung dafür wäre allerdings gewesen, daß Gorbatschow die Scheuklappen seiner marxistisch-leninistischen Erziehung abgestreift und zur berühmten Knute gegriffen hätte, um die widerstrebende Nomenklatura, die »roten Bojaren« seiner Zeit, zu züchtigen und auf seine Linie zu zwingen. Zu beidem war er offenbar unfähig.

So wird der Mann, den der Westen als Herold von »Glasnost« und »Perestroika« feierte, den die Deutschen als gönnerhaften Förderer ihrer nationalen Einheit verehren und den die Amerikaner als friedenstiftenden Partner schätzen, von seinen eigenen Landsleuten in einem ganz anderen Licht beurteilt. In den Augen der weitaus meisten Russen erscheint Michail Gorbatschow als Totengräber des Imperiums, als der Hauptverantwortliche einer unerhörten nationalen Demütigung. Darüber hinaus ist die ohnehin marode Wirtschaft der Sowjetunion unter seiner Regie in zusätzliche Anarchie gestürzt, und die Lebensbedingungen des Volkes haben sich weiterhin dramatisch verschlechtert. In ihrer maßlosen Entrüstung warfen die Altkommunisten und Nationalisten dem »Renegaten« Gorbatschow vor, daß in der russischen Geschichte allenfalls der »falsche Zarewitsch Dmitri«, im Troß der Polen und des Papismus, vergleichbares Unheil über das Heilige Rußland gebracht habe.

Die seltsame Ambivalenz dieses Mannes wurde durch einen ominösen Staatsakt illustriert: Gorbatschow reiste 1989 nach Ost-Berlin, um an der Seite Honeckers den vierzigsten Gründungstag der DDR mit dem militärischen Pomp der Nationalen Volksarmee vor jubelnden Menschenmassen zu zelebrieren. Bei dieser Gelegenheit hat Gorbatschow zu Honecker den berühmten Satz geäußert: »Wer zu spät kommt, den bestraft das Leben.« Mit diesem Festakt in Ost-Berlin wurde paradoxerweise nicht nur die Wiedervereinigung Deutschlands, sondern der Zerfall des ganzen sowjetischen Machtsystems eingeleitet. Dessen war sich der Generalsekretär der KPdSU an diesem Tag ganz bestimmt nicht bewußt, als die jungen Leute in Ost-Berlin ihn stürmisch feierten. Der Hoffnungsträger »Gorbi«, der von den Deutschen mindestens ebenso glorifiziert wird wie seinerzeit der amerikanische Präsident John F. Kennedy, wurde – ohne es recht zu merken – zum Spielball der Geschichte. Er war offenbar so strikt und stramm im kommunistischen Denkmodell aufgewachsen, daß er ehrlich an dessen Reformfähigkeit glaubte. Aus dieser ideologischen Verhaftung hat er sich wohl nie gelöst und war deshalb unfähig, die hoffnungslose Problematik einer gestrandeten Planwirtschaft sowie die explosive Kraft der fortdauernden Nationalitätenkonflikte im eigenen Imperium zu erkennen. Gorbatschow, das spricht vielleicht für ihn, glaubte weiterhin in aller Naivität an die Zukunft des Sozialismus und die Existenz des vielgerühmten »Sowjetmenschen«.

Als die Deutschland-Frage plötzlich hochkochte, als Ströme von Flüchtlingen aus der DDR über die geöffnete ungarische Grenze nach Westen strebten, hätte es nur eines Machtwortes des sowjetischen Mili-

tärkommandanten in Budapest bedurft, um die Stacheldrahtsperren in Richtung Österreich wieder zu schließen. Auch über die Auslösung der Leipziger Massendemonstrationen ist noch längst nicht das letzte Geheimnis gelüftet. Sollten hier auf höchste Moskauer Weisung die Voraussetzungen geschaffen werden für den Übergang zu einem erträglichen, humanen und wirtschaftlich erfolgreichen Reformkommunismus in Ostdeutschland, was allerdings die Beseitigung Honeckers an der Spitze des Staates erforderte? Setzte die brutale Ernüchterung bei den Diadochen in Moskau und in Ost-Berlin vielleicht erst ein, als die Leipziger Demonstranten ihre Losung »Wir sind das Volk!« plötzlich auswechselten gegen die nationale Forderung »Wir sind ein Volk!«? Der Fall der Berliner Mauer war jedenfalls nicht für den Zeitpunkt vorgesehen, an dem er stattfand, so konn-

*Zum 40. Jahrestag der DDR kam Michail Gorbatschow nach Ost-Berlin und traf sich mit Erich Honecker. An diesem Tag ahnten wohl beide nicht, daß die neue Linie der Perestroika den Zusammenbruch der DDR und die Auflösung des Sowjetimperiums nach sich ziehen würde.*

ten wir im Moskauer Zentralkomitee der KPdSU verläßlich erfahren. Die Wiedervereinigung Deutschlands stand nicht auf dem Programm. In Warschau, in Prag, in Budapest brachen jetzt natürlich die Dämme. Das ganze strategische Bündnissystem löste sich auf. Nur in Rumänien vollzog sich der Wechsel von einer spätstalinistischen Karikatur unter dem Diktator Ceaucescu zu einer Art Reformkommunismus in den von Moskau gewünschten Bahnen. Die westlichen Medien ließen sich in Bukarest auf skandalöse Weise düpieren. Nicht der Zorn des Volkes hat Ceaucescu damals gezwungen, die Flucht mit dem Hubschrauber in Richtung auf die vorbereitete Hinrichtungsstätte anzutreten. Es waren Angehörige des gefürchteten Sicherheitsdienstes »Securitate«, die das Signal zur Volkserhebung gaben. Die Erschießung Ceaucescus und seiner Frau Elena war Bestandteil eines abgekarteten Spiels, ebenso wie die Berufung des gemäßigten Kommunisten Ion Iliescu zu den höchsten Staats- und Parteiwürden Rumäniens.

Folgerichtig machte das Abbröckeln der russischen Machtpositionen auch an den Grenzen der eigentlichen Sowjetunion nicht halt. Besonders beeindruckend war die patriotische Volkserhebung in Litauen, wo die katholische Bevölkerung ihren uralten Zwist mit dem Moskauer Zarenthron wieder aufnahm. Gorbatschow, der den Zerfall des Warschauer Pakts und des Satellitensystems in Osteuropa widerstrebend, aber am Ende willfährig hingenommen hatte, stemmte sich nun mit verzweifelter Anstrengung gegen den Abfall Litauens. Er intervenierte persönlich in Wilna und ließ die Schlägertruppe »Omon« gegen die dortigen Nationalisten vorgehen. Zu spät hatte er erkannt, daß das Überleben der ganzen Sowjetunion

*Linke Seite:
Oben: Die Leipziger Montagsdemonstrationen des Jahres 1989 bildeten den Auftakt eines rapiden Machtverfalls in der Deutschen Demokratischen Republik.*

*Unten: In einer Atmosphäre großer Konfusion verfügte die SED-Spitze die Öffnung der Berliner Mauer.*

*Rechte Seite, oben links: Während des Augustputsches 1991 erschien Boris Jelzin als Mann der Stunde. Er verhinderte die Machtergreifung durch eine Clique kommunistischer Reaktionäre.*

auf dem Spiel stand, daß die Kräfte der Sezession im Baltikum, in der Ukraine, im Kaukasus, in Zentralasien nunmehr überhand nahmen.

In Rußland selbst wurde »Gorbi«, das Idol der deutschen Medien, ganz öffentlich als Hasardeur, ja, als Verräter an der heiligen russischen Sache beschimpft. Es war ein symbolischer Vorgang, als der immer noch wichtigste Mann der Sowjetunion anläßlich der Oktober-Parade auf dem Roten Platz von einer johlenden Menge gezwungen wurde, sang- und klanglos den Ehrenplatz über dem Lenin-Mausoleum zu räumen, wo einst Stalin die unterwürfige Huldigung des Volkes entgegengenommen hatte. Er trat einen demütigenden Abgang in die Einsamkeit an.

»Drei Tage im August« – so bezeichnet man heute jenen ungewöhnlichen Staatsstreich gegen Gorbatschow, der im Sommer 1991 inszeniert wurde. Schon wird darüber diskutiert, ob nicht alle Beteiligten die wirklichen und die angeblichen Retter der »Demokratie« – einer großangelegten, vielfältigen Mystifikation zum Opfer gefallen sind. Dilettantischer konnte dieser Coup tatsächlich nicht angezettelt werden. Das russische Parlament, das sogenannte »Weiße Haus«, wurde zum Sammelpunkt all jener meist jugendlichen Kräfte, die eine Rückkehr zum kommunistischen Totalitarismus verhindern wollten. Doch die Verteidiger der neu errungenen Freiheit waren mindestens ebenso unzulänglich organisiert wie die Verschwörer im Kreml, jene Clique von Reaktionären, die sich um das Politbüro-Mitglied Janajew geschart hatten. Erschien es nicht von Anfang an widersinnig, daß diese kleine Gruppe von einflußreichen Komplotteuren, die den angeblichen Rücktritt Gorbatschows bekanntgab und den Ausnahmezustand verhängte, zu

den engsten Mitarbeitern des gestürzten Generalsekretärs, zu seinen speziell berufenen Vertrauensleuten zählte?

In diesen drei Tagen schlug für Boris Jelzin die große Stunde. Er bestätigte seine Rolle als »Superstar« an der Spitze der Russischen Föderationsrepublik. Aber niemand kann erklären, wie dieser Mann, der die erste Zielscheibe der Putschisten hätte sein müssen, ungehindert zum »Weißen Haus« gelangen konnte und dort von befreundeten Panzereinheiten geschützt wurde. Zwar sind einige Tanks der Gardedivision »Taman« bedrohlich auf das russische Parlament zugerollt. Sie haben sich aber nicht aggressiv verhalten. Die drei jungen Leute, die unter ihre Ketten gerieten, waren nicht die Opfer einer geplanten Einschüchterungsaktion. Schließlich weiß jedermann in Moskau, daß ein Einsatz der gefürchteten Alpha-

*Oben rechts:
Ein symbolisches Bild:
Die russische Trikolore am Geschützrohr eines sowjetischen Panzers.
Im Hintergrund der gigantische Stalin-Bau des Außenministeriums.*

*Rechte Seite: Oben: Die Reformbemühungen unter Gorbatschow brachten keinen Wandel zum besseren, sondern eine Verschärfung der Versorgungskrise sowie die Legalisierung des Schwarzmarktes.*

*Unten: Neue Frivolität zog in Moskau ein. Das Nachtleben wird weitgehend von der Mafia beherrscht.*

Gruppe des Innenministeriums gegen die begeisterten jungen Leute im »Weißen Haus«, die zum erstenmal mit Sturmgewehren hantierten, dem freiheitlichen Spiel ein schnelles Ende bereitet hätte. Aber der Befehl dazu blieb aus.

Die dramatischen Augusttage von 1991 sind zu einem Heldenepos aufgebauscht worden. In dieser Stunde der Ungewißheit, als Gorbatschow in seiner schwerbewachten Villa am Schwarzen Meer in unerklärlicher Untätigkeit verharrte, hat sich jedoch das Ungeheuerliche ereignet. Die von Lenin und Stalin errichtete Sowjetunion, ja, das Erbe einer tausendjährigen russischen Staatswerdung unter den Großfürsten und Zaren löste sich ohne Gegenwehr, fast ohne einen Seufzer auf. An ihrer Stelle entstand eine Vielzahl nationaler Republiken. Die »Gemeinschaft Unabhängiger Staaten« (GUS), die aus den Trümmern des roten Imperiums hervorging, war von Anfang an mit allen Makeln der Separation und künftiger Konfliktträchtigkeit behaftet.

\*

Ist über Rußland wirklich eine neue »Smuta«, eine neue Zeit der Wirren hereingebrochen? Die Bilder des wirtschaftlichen und gesellschaftlichen Niedergangs sind dramatisch. Vorübergehend hatte sich das Stadtzentrum Moskaus in einen dichtgedrängten, riesigen Trödel- und Schwarzmarkt verwandelt. Die russischen Verwaltungsinstanzen blickten ängstlich auf die Unmutsbekundungen der Bergarbeiter, von denen die Energieversorgung des Landes und somit eine halbwegs normale Weiterexistenz des Staates weitgehend abhängig war. Die versprochene Liberalisierung der Besitzverhältnisse blieb aus, und die Entwicklung

zur Marktwirtschaft entgleiste. Statt dessen entfaltete sich das Unwesen der Mafia. Die Wirtschaftskriminalität nahm verheerende Ausmaße an.

Für die Jugend waren sämtliche Illusionen und Ideale zertrümmert worden. Sie traf sich in elenden Discos, wo dröhnende amerikanische Rockmusik nachgespielt wurde. Die erhoffte Wiedergeburt des intellektuellen Lebens ließ auf sich warten. Die wenigen Bühnen, die mit Neuinszenierungen aufwarteten, quälten sich mit apokalyptischen Untergangsvisionen. Ein längst vergessenes Gedicht Puschkins schien die neue Situation gespenstisch darzustellen:

Herr, wir haben in dem Dunkel
uns verirrt. Was tun wir nun?
Jede Wegspur ist verloren!
Teufel haben ganz gewiß
uns hier auserkoren,
zerren jetzt und drehen uns
mit Dämonenmacht
wohl zick-zack im Kreis herum,
in dem Schneesturm und der Nacht.

\*

Jede Schilderung der russischen Gegenwart ist problematisch. Vielfältige Deutungen drängen sich auf. Das Land sucht vergeblich nach einem neuen Lebensrhythmus. Mindestens ebenso riskant ist eine Prognose über das Schicksal jener vielfältigen Staaten, die aus der ehemaligen Sowjetunion hervorgegangen sind.

Überragende Bedeutung kommt dabei der Ukraine zu. Wird sich die staatliche Unabhängigkeit von Kiew gegenüber den großrussischen Ansprüchen erhalten können, oder wird das Land zwischen Don und Dnjestr wieder eines Tages unter den Einfluß der Moskowiter geraten? Noch ist hier nichts endgültig entschieden. Im siebzehnten Jahrhundert hatte der Hetman Bogdan Chmelnicki gegen die polnischen und türkischen Ansprüche auf die Ukraine den Romanow-Zaren als Alliierten ins Spiel gebracht, mit dem Resultat, daß sein Land im russischen Imperium aufging. Droht der unabhängigen Ukraine des Präsidenten Krawtschuk heute ein ähnliches Schicksal?

Ein Blick auf Lemberg – auch Lvov oder Lviv genannt – sollte den großrussischen Expansionisten zu denken geben. In Lemberg haben sich nicht nur die herrlichen architektonischen Überreste der Habsburger-Herrschaft erhalten, als Galizien österreichisch verwaltet wurde. Hier behauptet auch die römische Kirche eine feste, vorgeschobene Bastion gegen Osten. In den Gottesdiensten der griechisch-katholischen Bevölkerungsmehrheit offenbart sich in der West-Ukraine eine resolute Absage an den Moskauer Anspruch, die Rolle des »Dritten Rom« zu usurpieren. Hier zeigt sich, daß im postkommunistischen Osteuropa die Konfessionen, die religiösen Gegensätze mindestens ebenso schwer wiegen wie die Konflikte der Nationalitäten. Auf den Plätzen und Straßen von Lemberg sammeln sich neben jungen ukrainischen Nationalisten der Bewegung »Ruch« auch die Überlebenden jener versprengten Partisanentruppe, die unter dem Kommando Stepan Banderas der gewaltigen Macht der Roten Armee bis zum Jahr 1952 im Namen der ukrainischen Unabhängigkeit getrotzt haben. Sollte im Kreml eine gewaltsame Rückgliederung der Ukraine betrieben werden, so müßten die russischen

Strategen sich auf den ungebrochenen Kampfwillen, auf den bewaffneten Widerstand Galiziens gefaßt machen.

Weiter südlich, am Dnjestr, an der Grenze zur Republik Moldawien, werden bereits blutige Gefechte ausgetragen. Hier weigert sich die überwiegend russisch-ukrainische Bevölkerung auf dem östlichen Dnjestr-Ufer, in ein rumänisch geprägtes Staatsgebilde einbezogen zu werden. An ihrer Seite kämpfen schwerbewaffnete Kosaken-Einheiten, die mit diskreter Unterstützung aus Moskau die Moldawier unter Druck setzen. Kommen diese Kosaken vom Don, vom Kuban, vom Terek, ihren traditionellen Siedlungsgebieten? Oder sind es nur abenteuernde russische Kraftprotze, die mit einer romantischen kriegerischen Tradition wieder anknüpfen möchten im Dienste des heiligen Vaterlandes, der »Rodina«? Diese Freischärler sind den serbischen »Tschetniks« eher verwandt als jenen »Rittern der Steppe«, die in der Legende des Taras Bulba weiterleben. Bedenklich ist der Konflikt vor allem, weil das Territorium der Republik Moldowa bereits zum nahen Balkan und dessen blutigen Wirren überleitet. Die Donau bildet hier einen bequemen Verbindungsweg zur serbischen Hauptstadt Belgrad.

Zwischen dem Schwarzen und dem Kaspischen Meer wird der gesamte Kaukasus von Bürgerkrieg und Verwüstung heimgesucht. Der bewaffnete Konflikt zwischen christlichen Armeniern und muslimischen Aserbeidschanern hat sich zu einem regelrechten Krieg um die Enklave von Nagorny-Karabagh entwickelt. Diese beiden kaukasischen Republiken, wie auch das heiß umkämpfte Georgien, gehören heute nicht mehr zum eigentlichen russischen Herr-

schaftsbereich. Aber die Einwirkungen und Intrigen Moskaus sind hier immer wieder zu spüren. Die Krise am Nordhang des Kaukasus könnte sich noch bedrohlicher auswirken. Die dort befindlichen Autonomen Republiken sind nämlich Bestandteil der Russischen Föderation. Im Nord-Kaukasus haben sich die muselmanischen Bergvölker – Tschetschenen, Inguschen, Tscherkessen, Kabardiner und andere – gegen die verhaßte russische Fremdherrschaft erhoben und rüsten sich zum »Heiligen Krieg«.

Vor allem die Tschetschenen sind selbst unter dem kommunistischen Joch ihren religiösen Bräuchen, ihren Bruderschaften oder Sufi-Orden treu geblieben. Mit der Waffe in der Hand üben sich die »Muriden« im »Dhikr«, in der Beteuerung, daß es außer Allah keinen Gott gibt. Dschohar Dudajew, der Präsident von Tschetschenien, hat seinen Eid auf den Koran

*In der West-Ukraine stemmt sich die griechisch-katholische Bevölkerungsmehrheit gegen die Rückkehr des großrussischen Chauvinismus. In Lemberg wirkt ein Bildnis des Papstes wie eine Kampfansage an die russische Orthodoxie.*

geleistet und geschworen, die Unabhängigkeit seines kleinen Landes gegen die Russen zu verteidigen. Immerhin ist er ehemaliger General der sowjetischen Luftwaffe. Schon besteht für Moskau die reale Gefahr, daß der nordkaukasische Aufruhr auf die wilde Gebirgswelt von Daghestan übergreift, wo im neunzehnten Jahrhundert der Imam Schamil der zaristischen Übermacht jahrzehntelang die Stirn geboten hat. Natürlich wären die GUS-Streitkräfte stark genug, die Lage vorübergehend zu ihren Gunsten zu wenden, aber am Kaukasus geht das Gespenst des gescheiterten Afghanistan-Abenteuers um.

\*

Blicken wir nach Zentralasien. Im Schatten der grandiosen Monumente islamischer Kultur, die der Mongolen-Herrscher Tamerlan und dessen Nachfolger hinterließen, haben die Republiken Zentralasiens ihre nationale Unabhängigkeit proklamiert. Noch geben dort in den Hauptstädten Taschkent, Aschchabad, Alma-Ata die machtgewohnten Apparatschiks der früheren Partei-Nomenklatura den Ton an. Sie haben schnell den Übergang vom sowjetischen Kommunismus zum usbekischen, turkmenischen, kasachischen Nationalismus gefunden. Diese wendigen Potentaten, die mit den repressiven und erprobten Mitteln der Einheitspartei regieren, müssen wohl oder übel der koranischen Frömmigkeit der breiten Bevölkerungsmasse Rechnung tragen. Sechzig Millionen Muslime sind durch die willkürliche Grenzziehung der Stalinschen Nationalitätenpolitik in eine Vielfalt von Kleinstaaten aufgeteilt worden, und die künstlich gezüchteten Gegensätze sind längst nicht überwunden.

Gerade deshalb wird der Ruf nach islamischer Gemeinsamkeit und Solidarität eines Tages nicht zu überhören sein. Türken, Iraner, Saudis, Pakistani bemühen sich bereits um diese Erbmasse des Sowjetreichs. In Turkmenistan – um nur dieses Beispiel zu erwähnen – führt sich Präsident Nyazow wie ein selbstherrlicher Khan auf und träumt davon, mit Hilfe der gewaltigen Erdgasvorkommen seines Wüstenstaates ein zentralasiatisches Kuwait zu schaffen. In der Republik Tadschikistan hingegen, die an Afghanistan und an China grenzt, tobt ein mörderischer Bürgerkrieg zwischen Islamisten, sogenannten Demokraten und Altkommunisten, mehr noch zwischen den verfeindeten Stämmen und Clans. Auch im ehemals sowjetischen Zentralasien könnten sehr bald Zustände einreißen wie am Hindukusch.

Schon flüchten die halbe Million Europäer, die in

*Der Bandenkrieg hat inzwischen den ganzen Kaukasus mit Tod und Verwüstung heimgesucht. Der Kampf um Nagorny-Karabagh leitete die blutigen Auseinandersetzungen ein.*

Tadschikistan siedeln. Die Deutschen und die Juden haben als erste ihr Bündel geschnürt. Doch was wird aus den Russen? Wo werden sie Unterkunft und Asyl finden? Etwa zehn Millionen Slawen wurden im Laufe der zaristischen Kolonisation und der sowjetischen Durchdringung in diesen Randregionen des Imperiums angesiedelt, die nunmehr von türkischen oder iranischen Staatschefs regiert werden. Die sorgenvollsten Blicke richten sich auf die unendlichen Weiten von Kasachstan. Nikita Chruschtschow hatte Kasachstan im Zuge einer forcierten Neuland-Aktion in den fünfziger Jahren zu einer Kornkammer der Sowjetunion machen wollen. Dieses Experiment ist weitgehend fehlgeschlagen. Aber die russischen Komsomolzen, die damals für diese Urbarmachung nach Nord-Kasachstan geschickt wurden, bilden gemeinsam mit den Nachkommen der zaristischen Militärbesiedlung vierzig Prozent der Gesamtbevölkerung in dieser zentralasiatischen Republik. Sie sind fast ebenso zahlreich wie die türkisch-islamische Urbevölkerung, die in diversen Phasen der Repression – erst unter Nikolaus II., dann unter Stalin – einem partiellen Genozid ausgesetzt war.

In dieser trostlosen Steppenlandschaft wurden die Atomversuche der Sowjetunion unternommen und die Astronauten von Baikonur ins Weltall geschickt. Unter dem Weideland der Nomaden lagern die vermutlich größten Mineralvorkommen der ehemaligen Sowjetunion. Beachtliche Reserven an Erdöl und Erdgas werden hier prospektiert. Die Feindschaft zwischen Kasachen und Russen, zwischen Türken und Slawen, zwischen Muslimen und Christen wurde in Kasachstan wie andernorts durch die bolschewistische Gewaltherrschaft künstlich niedergehalten. Jetzt glimmt sie wieder auf. Quer durch die Steppe, so fürchten die Experten, könnte sich in einigen Jahren eine blutige Front ziehen, eine Art Wehrgrenze entstehen. Möglicherweise wird das alte russische Trauma vom »Tataren-Joch« in Kasachstan, das sich über Baschkirtostan und Tatarstan bis Kasan an der Wolga verlängert, eine fatale Reaktualisierung erfahren. Die Geschichte – so scheint es – ist keineswegs überwunden, und der Sieg Iwans des Schrecklichen über die Tataren von Kasan und Astrachan läutete eben doch nicht den endgültigen Triumph des Kreuzes über den Halbmond ein.

Bis zum Pazifischen Ozean erstreckt sich die unermeßliche Waldzone der Taiga. Schon im siebzehnten Jahrhundert wurde sie durch erobernde Kosaken dem russischen Herrschaftsbereich einverleibt. Neuerdings widmen die Moskauer Machthaber ihren fernöstlichen Besitzungen wieder verstärkte Aufmerksamkeit. Sie suchen angeblich in diesen unerschlossenen Regionen nach einem Ansatz für wirtschaftlichen Aufschwung und Neubeginn. Die Wirklichkeit sieht leider anders aus, wenigstens im hohen arktischen Norden, wo die Zwangsarbeiter des Gulag durch hochbezahlte Pioniere ersetzt wurden, wo die strategische Sicherung der polaren Nordflanke die Sowjetführung zu kostspieligen Investitionen veranlaßte. Mit dem finanziellen Zusammenbruch und dem Versiegen der Subventionen hat eine Abwanderung aus diesen unwirtlichen Permafrostzonen eingesetzt. Stellenweise soll sich bereits ein Drittel der russischen Polar-Bevölkerung in mildere Regionen abgesetzt haben. Es entsteht hier ein bedenkliches Vakuum.

Der träge fließende Amur-Strom, von den Chinesen »Fluß des Schwarzen Drachen« genannt, bildet die Grenze zwischen den mandschurischen Nordprovinzen des Reiches der Mitte und der ehemals sowjetischen Fernost-Region. Dort erscheint alles stabil und geordnet. Mit gespielter Gelassenheit haben die Russen beobachtet, wie der Tenno von Japan, Akihito, im Herbst 1992 mit dem roten Kaiser Chinas, dem greisen Deng Xiaoping, in Peking zusammentraf. Dabei sollten sie an jene spannungsreichen Jahre der maoistischen Kulturrevolution denken, als fanatisierte chinesische Rotgardisten die sowjetischen Grenztruppen an den vereisten Ufern des Ussuri in erbitterte Kämpfe verwickelten. Jederzeit kann an dieser Stelle ein alter territorialer Gegensatz wieder aufreißen. Ob Boris Jelzin sich dessen bewußt ist, der zu den Erben Mao Tsetungs ein neues, enges Verhältnis suchte, nachdem er bereits in Süd-Korea für wirtschaftliche Zusammenarbeit geworben hatte? Von einem Bündnis zwischen Moskau und Peking war sogar die Rede. Eine solche Koalition könnte den Amerikanern Sorgen bereiten. Auf lange Sicht – in der Perspektive kommender Generationen – würden die Russen in einer derart engen Verflechtung mit den Chinesen die Verlierer sein. Sie wären der biologischen Dynamik dieses 1,2-Milliarden-Volkes auf Dauer nicht gewachsen. Sie würden zwangsläufig von den Asiaten verdrängt.

Die nordmandschurische Stadt Harbin bietet historischen Anschauungsunterricht. Die Jugendstil-Gebäude der Innenstadt gemahnen daran, daß über der Mandschurei im Jahr 1900 noch die Flagge des Zarenreiches wehte, daß hier russisches Einflußgebiet war und eine konsequente slawische Siedlungspolitik betrieben wurde. Die Ostasiaten sind stärker geblieben. Sie haben die russische Präsenz in der Mandschurei weggefegt, und heute leben mehr als hundert Millionen Chinesen in diesem vorgeschobenen Außenposten des Reiches der Mitte. Der hartnäckige Streit, den Rußland mit Japan um den Besitz von vier winzigen Kurilen-Inseln am Rande des Pazifischen Ozeans führt, vermittelt eine Ahnung von dem unberechenbaren Konfliktpotential, von den anstehenden Kräfteverschiebungen, die sich in diesem Raum vorbereiten.

Jedenfalls entfaltet die Volksrepublik China neuerdings eine verblüffende Dynamik. Ihr gelang die eindrucksvolle Anhebung des Lebensniveaus ihrer immensen Bevölkerung. Dieses chinesische Wirtschaftswunder kontrastiert mit dem desolaten russischen Niedergang. Mit unerbittlichem Zugriff hat Deng Xiaoping die politische Führung nach der Revolte am Platz des Himmlischen Friedens in seine greisen Hände genommen. Damit schuf er die autoritäre Voraussetzung für eine erfolgreiche Orientierung zur technologischen Erneuerung und eine klug dosierte Hinwendung zur Marktwirtschaft. Von Westeuropa aus gesehen, erscheint Rußland – auch nach der Auflösung der Sowjetunion – weiterhin als ein bedrohlicher Koloß, als ein Herd der Unberechenbarkeit, mit gewaltigen Reichtümern ausgestattet und einer Nuklearrüstung, deren Vernichtungskapazität kaum verringert ist. Ganz anders im Fernen Osten. Dort lastet ein ungeheuerliches asiatisches Übergewicht auf den versprengten Vorposten russischer Imperialpräsenz in der kaum bevölkerten Unendlichkeit von Taiga und Tundra sowie an den eisigen Küsten des Meeres von Ochotsk.

Im Herbst 1992 hatte sich Boris Jelzin, der erste frei gewählte Präsident Rußlands, nach London begeben. Ihm wurde die Ehre zuteil, vor den britischen Abgeordneten von Westminster zu sprechen. Dabei mußte er zu einem ähnlichen Schluß kommen wie sein großer Vorgänger Peter I. bei seiner Europareise fast dreihundert Jahre zuvor, daß nämlich die parlamentarischen und pluralistischen Polit-Rituale des Westens sich noch längst nicht mit der Realität seiner russischen Heimat vereinbaren lassen. Eindringlich hatte Jelzin in London vor der Gefahr eines neuen Staatsstreichs in Moskau gewarnt.

Es ist dennoch stiller geworden um jene reaktionären, faschistisch auftretenden Verbände wie die Organisation »Pamiat«. Ihre schwarz uniformierten Anhänger, die aus ihrem großrussischen Chauvinismus, ihrem Antisemitismus und ihrer antiwestlichen Grundhaltung kein Hehl machen, erschienen im Herbst 1992 nicht mehr repräsentativ für die eher lethargische, fast apathische Stimmung, die sich weiter Bevölkerungskreise Rußlands bemächtigt hatte. Nicht eine Zeit der Wirren war über das Moskowiter-Reich hereingebrochen – so schien es –, sondern eine Zeit der Ratlosigkeit und der Ungewißheit. Immer wieder zeichnete sich ein Bündnis zwischen den ehemaligen kommunistischen Traditionalisten einerseits und den großrussischen Ultra-Nationalisten andererseits ab, die »braun-rote« Koalition, wie man sagte.

In St. Petersburg hatte einst Peter der Große das Tor nach Westen aufstoßen wollen. Mehr noch als an der Moskwa sind an der Newa schockierende und bizarre Einflüsse aus dem Westen, vor allem aus Amerika wahrzunehmen. Es verwundert nicht, daß der durchschnittliche Russe Anstoß daran nimmt, wenn im riesigen Stadion des ehemaligen Leningrad die aus den USA herangeflogenen Baptisten-Prediger Massentaufen vornehmen und ihre neugewonnenen Proselyten in improvisierte Schwimmbecken, in riesige Zuber tauchen, um ihnen den Heiligen Geist zu vermitteln. Da berührt es auch seltsam, wenn am Newski-Prospekt und im Schatten des Winterpalastes extravagante Anhänger der Hare-Krischna-Sekte auftauchen. Gleichzeitig täuschen die Werbeplakate westlicher Firmen eine kommerzielle Neubelebung vor, hinter der sich in Wirklichkeit eine gigantische Entwicklung des Schwarzmarktes verbirgt.

Kein Geringerer als der Schriftsteller Alexander Solschenizyn hat den alten Streit zwischen den »Westlern«, den »Sapadniki«, auf der einen, und den »Slawophilen«, den Verfechtern der russisch-orthodoxen Bodenständigkeit, auf der anderen Seite, neu belebt. Für Solchenizyn hatte bereits Peter der Große den falschen Weg eingeschlagen, als er der prawo-slawischen Überlieferung den Rücken kehrte. Vor allem die russische Armee hält Ausschau nach einem nationalen Auftrag. Bei der Rekrutenvereidigung wird in diesen Tagen einem merkwürdigen Ritual gehuldigt. Da ist ein orthodoxer Geistlicher, ein Pope, zugegen. Er segnet die Fahne und präsidiert gewissermaßen die Weihe. Mag sein, daß diese jungen Soldaten nur zu einem geringen Teil ihren christlichen Glauben wiedergefunden haben. Aber die Zeichen sind deutlich: Unter den Symbolen und Ikonen byzantinischer Frömmigkeit besinnt sich das postkommunistische Rußland auf seine fernen mythischen Ursprünge.

# Zeittafel

879–912 Oleg, aus der Sippe der Ruriks, erobert Smolensk und Kiew und befreit die ostslawischen Stämme von der chasarischen Tributherrschaft.

988 Taufe des Großfürsten Wladimir I. in Kiew. Rußland schließt sich der byzantinisch-orthodoxen Kirche an.

1019–1054 Herrschaftszeit Jaroslaws des Weisen. Beginn des Baus der Sophienkirche in Kiew.

1113–1125 Herrschaft Wladimirs II. Monomach. Letzte Vormachtstellung Kiews.

1169 Andrej Bogoljubski, Enkel des Wladimir Monomach und Herrscher über Rostow, plündert und verwüstet Kiew.

1206 Der mongolische Stammesfürst Temudschin erhebt sich zum Herrscher über alle Mongolen unter dem Namen Dschingis Khan.

1223 Die russischen Fürsten von Kiew, Tschernigow, Wolhynien und Halitsch erleiden in der Schlacht an der Kalka eine schwere Niederlage gegen die Horden Dschingis Khans.

1238    Batu, Enkel Dschingis Khans, erobert Moskau, Wladimir und Susdal.

1240    Batu erobert Kiew (6. Dezember) – Ende der »Kiewer Rus«.

1241    Batu schlägt das christliche Ritterheer bei Liegnitz in Schlesien. Er wählt Saraij an der Wolga zur neuen Hauptstadt und gründet das Reich der Goldenen Horde.

1242    Der russische Großfürst Alexander Newski vernichtet am Peipussee das Mönchsritterheer des Deutschen Ordens.

1300    Der Metropolit von Kiew siedelt nach Wladimir über, 1326 läßt er sich in Moskau nieder.

1328    Der Khan Usbek verleiht im Namen der Goldenen Horde dem Rurikiden Iwan I. den Titel »Großfürst von Moskau«. Daran knüpft sich das Recht der Steuereintreibung. Iwan I. beginnt mit der »Sammlung der russischen Erde«.

1380    Großfürst Dmitri Donskoi besiegt am Wachtelfeld »Kulikowo Pole« am oberen Don die Tataren unter dem Emir Mamaj.

1382    Mamajs Nachfolger Tochtamysch erobert und verwüstet Moskau. Dmitri Donskoi muß erhöhte Tribute zahlen.

1408    Die Tataren dringen erneut bis Moskau vor und verwüsten die Stadt.

1410    Eroberung von Wladimir durch die Tataren.

1416    Neu-Eroberung Kiews durch den Khan Edigu.

| | |
|---|---|
| 1453 | Der osmanische Sultan Mehmet II. erobert Konstantinopel. Damit geht das Oströmische Reich unter. |
| 1462 | Iwan III. nennt sich »Zar von ganz Rußland«. |
| 1478 | Iwan III. erobert Nowgorod. |
| 1494 | Iwan III. läßt sich offiziell zum »Herrscher von ganz Rußland« proklamieren. |
| 1510 | Filofei, ein Mönch aus Pskow, bezeichnet in seinen Schriften Moskau als das »Dritte Rom«. |
| 1521 | Der Krim-Khan Mehmed Girai zwingt Moskau zu neuen Tributzahlungen. |
| 1547 | Iwan IV., »der Schreckliche«, wird in Moskau zum »Zaren und Selbstherrscher von ganz Rußland« gekrönt. |
| 1552 | Iwan IV. besiegt die Tataren in den Schlachten von Kasan und Astrachan (1556). |
| 1564 | Iwan IV. zieht sich in das Kloster Alexandrowskaja Sloboda zurück. |
| 1565 | Gründung der Geheimpolizei »Opritschnina« |
| 1571 | Die Krim-Tataren unter Devlet Girai stoßen bis Moskau vor. |
| 1582 | Iwan IV. ermordet seinen Sohn. |
| 1584 | Tod Iwans IV. Sein Sohn Fjodor wird zum Zaren gekrönt, dessen Schwager Boris Godunow 1587 zum Regenten berufen. |
| 1589 | Der Regent Boris Godunow errichtet das Patriarchat von Moskau. |

| | |
|---|---|
| 1591 | Der Zarewitsch Dmitri, Sohn Iwans IV., kommt unter mysteriösen Umständen im Kloster Uglitsch ums Leben. |
| 1598 | Boris Godunow wird zum Zaren ausgerufen. |
| um 1600 | Der Mönch Grigori Otrepew taucht als Usurpator, als falscher Zarewitsch Dmitri, in Krakau auf. |
| 1605 | Tod des Zaren Boris Godunow. Das russische Heer läuft bei Kromy zum »falschen Zarewitsch« über, der an der Spitze der polnischen Truppen nach Moskau vordringt. Mit der Verleihung der Zarenwürde an Dmitri erreicht die »Smuta«, die Zeit der Wirren, ihren Höhepunkt. |
| 1606 | Moskau erhebt sich gegen Dmitri. Nach dessen Ermordung wird Wassili Schuski zum Zaren berufen. |
| 1612 | Russische Truppen unter dem Fürsten Poscharski und dem Kaufmann Minin vertreiben die polnische Garnison aus dem Kreml. |
| 1613 | Die Bojaren-Duma wählt Michail Fjodorowitsch Romanow zum Zaren von Rußland. Sein Vater amtiert unter dem Namen Filaret als Patriarch von Moskau. |
| 1614 | König Gustav Adolf von Schweden stößt von Nowgorod in Richtung Moskau vor. Nach Verhandlungen verzichtet Schweden auf seine Thronansprüche, Rußland gibt einen Küstenstreifen südlich des Finnischen Meerbusens zurück. |
| 1645–1676 | Herrschaft Zar Alexej Michailowitschs. |
| 1652 | Der Metropolit Nikon wird zum Patriarchen von Moskau berufen. |

| | |
|---|---|
| 1653 | Die Kirchenreform des Patriarchen Nikon führt zum »Raskol«, zur Spaltung der orthodoxen Kirche. |
| 1655–1660 | Erster Nordischer Krieg. Dorpat und andere livländische Landstriche werden von Schweden zurückerobert. |
| 1667 | Beginn der Kosaken-Aufstände unter Stenka Rasin im Wolgagebiet. Am Ende siegen die Truppen des Zaren, Rasin wird 1671 in Moskau hingerichtet. |
| 1677–1681 | Erster Russisch-Türkischer Krieg. Nach einem Waffenstillstand wird der Dnjepr als Grenze anerkannt, die Tributpflicht Moskaus gegenüber dem Khan der Krim-Tataren wird erneuert. |
| 1682 | Strelitzen-Regimenter stürmen den Kreml, die Zarewna Sophija übernimmt die Regentschaft für ihre beiden minderjährigen Brüder Iwan und Peter. |
| 1683 | Die Türken müssen die Belagerung von Wien unter dem Druck eines christlichen Koalitionsheeres abbrechen. |
| 1689 | Die Zarewna Sophija wird nach einem erneuten Strelitzen-Aufstand in das Kloster Nowodjewitschi verbannt. Peter I. übernimmt die Alleinherrschaft. |
| 1696 | Eroberung der Festung Asow am Schwarzen Meer. |
| 1697/98 | Die »Große Gesandtschaft« verläßt Moskau. Peter I. besucht auf seiner ersten Auslandsreise Preußen, Holland, England und Wien. |
| 1697 | Karl XII. wird König von Schweden. |
| 1698 | Ein neuer Strelitzen-Aufstand wird niedergeworfen. |

| | |
|---|---|
| 1700 | Nach einem Frieden mit dem Osmanischen Reich erhält Rußland die Festung Asow. Der Khan der Krim-Tataren darf von Moskau keine Tributzahlungen mehr fordern.<br>Das Patriarchat von Moskau wird von Peter dem Großen abgeschafft und durch ein Heiliges Synod ersetzt.<br>Beginn des Großen Nordischen Krieges mit Schweden. Die schwedische Armee schlägt die Russen bei Narwa. |
| 1703 | Peter I. legt den Grundstein zum Bau der Peter-und-Paul-Festung und der neuen Hauptstadt St. Petersburg. |
| 1707 | Karl XII. rückt im Dezember mit seiner Armee in Rußland ein. |
| 1709 | Schlacht bei Poltawa. Peter der Große besiegt seinen Gegner Karl XII. Der Zar erobert die Städte Reval, Pernau und Riga. Damit endet die Vormachtstellung Schwedens im Ostseeraum. |
| 1710 | Die Russen erleiden am Pruth eine schwere Niederlage gegen die Türken. |
| 1718 | Karl XII. stirbt beim Kampf um die norwegische Festung Frederikshald. |
| 1721 | Der Frieden von Nystad beendet den Großen Nordischen Krieg. Rußland vergrößert sich um Ingermanland, Estland, Livland und Teile Kareliens.<br>Dem Zaren Peter wird vom Senat der Titel »der Große, Vater des Vaterlands« verliehen. |
| 1725 | Tod Peters des Großen. |
| 1725–1727 | Regierungszeit Katharinas I. Als livländische Magd geboren, wurde sie Gattin Peters des Großen. |

| | |
|---|---|
| 1730–1740 | Die Zarin Anna Iwanowna regiert unter dem Einfluß ihres Günstlings Ernst Johann von Biron. |
| 1741 | Elisabeth Petrowna, Tochter Peters des Großen, kommt mit Hilfe der Garderegimenter nach einem Staatsstreich an die Macht. |
| 1745 | Zarewitsch Peter, ein Neffe Elisabeths, heiratet die Prinzessin Sophie Friederike von Anhalt-Zerbst, die spätere Katharina die Große. |
| 1762 | Nach dem Tod der Zarin Elisabeth besteigt Peter III. den Thron. Er beendet die russische Teilnahme am Siebenjährigen Krieg und vollzieht damit das »Wunder des Hauses Brandenburg«.<br>Katharina II. läßt sich mit Hilfe der Garderegimenter zur Zarin ausrufen. Ihr Gemahl Peter III. wird ermordet. |
| 1767 | Mitglieder der Verfassungskommission bitten die Zarin, den Titel »Katharina die Große, weiseste Mutter des Vaterlands« anzunehmen. |
| 1768–1774 | Russisch-Türkischer Krieg. |
| 1773–1775 | Ein großer Volksaufstand bricht im Wolga- und Ural-Gebiet gegen die Zarin aus. Der Anführer, Jemeljan Pugatschow, gibt sich als Zar Peter III. aus. Nach seiner Niederlage wird Pugatschow in Moskau hingerichtet. |
| 1774 | Der Friede von Küçük Kaynarci beendet den Krieg mit den Türken. Rußland erhält Zugang zum Schwarzen Meer. |
| 1783 | Fürst Potemkin erobert die Krim. |

| | |
|---|---|
| 1787–1792 | Zweiter Türkenkrieg. Rußland dehnt seinen Besitz bis zum Dnjestr aus. Gründung von Odessa. |
| 1789 | Sturm auf die Bastille. Beginn der Französischen Revolution. |
| 1795 | Dritte polnische Teilung und Ende des polnischen Staates. |
| 1796 | Tod Katharinas der Großen. Ihr Sohn, Zar Paul I., verfügt die neue, männliche Thronfolgeordnung. |
| 1801 | Paul I. wird von Gardeoffizieren festgesetzt und umgebracht. |
| 1801–1825 | Herrschaft Alexanders I. |
| 1812 | Die französische Grande Armée setzt über den Njemen und fällt in Rußland ein. Proklamation des »Großen Vaterländischen Krieges« durch Zar Alexander I. Nach der Schlacht von Borodino rückt Napoleon in Moskau ein. Nach dem Brand der Stadt Rückzug der Franzosen und ihrer Verbündeten. Untergang der Grande Armée. |
| 1814/15 | Wiener Kongreß, Gründung der »Heiligen Allianz«. |
| 1825 | Nach dem Tod Alexanders I. in Taganrog erscheint die Nachfolge ungeklärt. Die Petersburger Garnison wird auf den neuen Zaren Nikolaus I. vereidigt. Eine adlige Offiziersverschwörung, die sogenannten Dekabristen, unternimmt einen Staatsstreich. Dieser Putsch scheitert an der Loyalität der Garde. |
| 1825–1855 | Herrschaft des Zaren Nikolaus I. |
| 1853–1856 | Um den Bestand des Osmanischen Reiches zu retten, erklären die Türkei, Großbritannien und Frankreich dem zaristischen Rußland den Krieg. |

| | |
|---|---|
| 1855 | Tod Nikolaus' I. Alexander II. folgt ihm auf dem Thron.<br>Kapitulation der russischen Garnison von Sewastopol. |
| 1856 | Im Frieden von Paris gibt Rußland einen großen Teil seiner Eroberungen an die Türkei zurück. |
| 1861 | Der »Befreier-Zar« Alexander II. beendet die Leibeigenschaft der russischen Bauern. |
| 1867 | Rußland verkauft Alaska und die Aleuten für 7,2 Millionen Dollar an die Vereinigten Staaten von Amerika. |
| 1876 | Gründung der revolutionären Bewegung »Land und Freiheit« (»Zemlja i volja«). |
| 1881 | Zar Alexander II. wird durch ein Bombenattentat getötet. |
| 1881–1894 | Herrschaft des Zaren Alexander III. |
| 1894 | Tod Alexanders III. Nikolaus II. besteigt den Thron. |
| 1903 | Beim 2. Kongreß der Sozialdemokratischen Arbeiterpartei kommt es zur Spaltung zwischen Menschewiki und Bolschewiki. |
| 1904/05 | Russisch-Japanischer Krieg. Im Frieden von Portsmouth tritt Rußland Port Arthur an Japan ab und räumt die Mandschurei.<br>Sogenannter »Blutsonntag«. Eine Großdemonstration vor dem Winterpalast wird von den Truppen des Zaren zusammengeschossen. Beginn revolutionärer Unruhen.<br>Zar Nikolaus II. verspricht, eine »Duma« als beratende Legislative zu benennen. |

1906 Zusammentritt der ersten »Duma«, die von Nikolaus II. kurzfristig aufgelöst wird. Der Konservative Pjotr A. Stolypin wird Ministerpräsident.

1914 In Sarajewo wird der österreichische Erzherzog Franz Ferdinand ermordet. Beginn des Ersten Weltkrieges.

1916 Der Wunderheiler Grigori Rasputin wird in Petrograd ermordet.

1917 Februar/März: Die Petrograder Garnison verbündet sich mit den demonstrierenden Arbeitern. – Februarrevolution unter Kerenski.
Zar Nikolaus II. dankt ab.
Rote Garden und bolschewistische Revolutionäre stürmen den Winterpalast in Petrograd. Die provisorische Regierung wird verhaftet. Ein militär-revolutionäres Komitee übernimmt die Staatsgewalt.

1918 Russische Kapitulation in Brest-Litowsk.
Zar Nikolaus II. und seine Familie werden in Jekaterinburg erschossen.

1920 Im Vertrag von Dorpat erkennt Moskau die Unabhängigkeit Estlands, Lettlands, Litauens und Finnlands an.

1921 Die Meuterei der Matrosen von Kronstadt wird von der Roten Armee blutig niedergeschlagen.

1922 Josef Stalin wird Generalsekretär der Kommunistischen Partei.

1924 Tod Wladimir Iljitsch Lenins.

1929 Stalin verordnet die Liquidierung des Kulakentums. Millionen Bauern verhungern.

1934 Aufnahme der Sowjetunion in den Völkerbund.

1936 Zweite große Säuberungswelle. Dem roten Terror Stalins fallen nach Abhaltung von Schauprozessen die Spitzen von Partei und Armee zum Opfer.

1939 1. September: Ausbruch des Zweiten Weltkrieges.

1941 Beginn des deutschen Angriffskrieges gegen die Sowjetunion (22. Juni).

1942 Deutsche Truppen dringen bis zum Kaukasus und zur Wolga vor. Beginn der Schlacht um Stalingrad (Kapitulation am 2. Februar 1943).

1945 Konferenz von Jalta. Stalin, Roosevelt und Churchill einigen sich über Aufteilung Europas nach dem Krieg.

1945 Bedingungslose Kapitulation des Dritten Reiches.

1949 Mao Tsetung proklamiert in Peking die Gründung der Volksrepublik China.
Erste sowjetische Atombombenexplosion.

1953 Tod Josef Stalins (5. März). Nikita Chruschtschow wird Erster Parteisekretär.

1955 Unterzeichnung des Vertrages über Freundschaft, Zusammenarbeit und gegenseitigen Beistand (Warschauer Pakt).

1956 XX. Parteitag der KPdSU. In einer Geheimrede rechnet Chruschtschow mit den Verbrechern der Stalin-Zeit ab.
Der Volksaufstand der Ungarn wird durch die Rote Armee niedergeworfen.

1957 Start des ersten künstlichen Erdsatelliten »Sputnik«.

| | |
|---|---|
| 1961 | Erster bemannter Raumflug mit dem sowjetischen Kosmonauten Juri Gagarin.<br>Bau der Berliner Mauer. |
| 1962 | Kuba-Krise: Der amerikanische Präsident Kennedy fordert den Abzug der auf Kuba stationierten sowjetischen Raketen (22. Oktober). Die Sowjetunion erklärt sich dazu bereit (28. Oktober). |
| 1964 | Das Plenum des ZK der KPdSU setzt Nikita Chruschtschow als Ersten Sekretär ab. Zum Nachfolger wird Leonid Breschnew bestimmt. |
| 1968 | Der Einmarsch der Truppen des Warschauer Paktes beendet den »Prager Frühling« (20./21. August). |
| 1969 | Militärische Auseinandersetzungen zwischen Chinesen und Russen am Ussuri-Fluß. |
| 1975 | Unterzeichnung der KSZE-Schlußakte in Helsinki. |
| 1976 | Tod Mao Tsetungs. |
| 1979 | Unterzeichnung des SALT-II-Abkommens in Wien. Einmarsch der Sowjet-Armee in Afghanistan (27. Dezember). |
| 1983 | Leonid Breschnew stirbt am 10. November. Nachfolger wird KGB-Chef Juri Andropow. Nach dessen Tod (1984) wird Konstantin Tschernenko Nachfolger. |
| 1985 | Tod von Konstantin Tschernenko. Michail Gorbatschow wird neuer Generalsekretär der KPdSU. |
| 1988 | Der Oberste Gerichtshof rehabilitiert die Opfer der Stalin-Ära.<br>Blutige Auseinandersetzungen zwischen Armeniern und Aserbeidschanern um die Enklave Nagorny-Karabagh. |

1989  Die sowjetischen Streitkräfte räumen Afghanistan.
Michail Gorbatschow besucht aus Anlaß des 40. Jahrestags die Deutsche Demokratische Republik.
Massendemonstrationen in Leipzig.
Fall der Berliner Mauer.

1990  Michail Gorbatschow konzidiert dem deutschen Bundeskanzler Helmut Kohl die Wiedervereinigung Deutschlands und den Abzug der sowjetischen Truppen aus der ehemalien DDR.
Der Kongreß der Volksdeputierten wählt Michail Gorbatschow zum Staatspräsidenten der UdSSR.

1991  Blutige Intervention sowjetischer Militäreinheiten gegen die litauische Unabhängigkeitsbewegung.
Ein Staatsstreich konservativer Kräfte gegen Staatspräsident Gorbatschow scheitert.
Michael Gorbatschow tritt als Präsident der UdSSR zurück.
Boris Jelzin wird Präsident Rußlands.
Die Union der Sozialistischen Sowjetrepubliken löst sich auf. Die Gemeinschaft Unabhängiger Staaten (GUS) wird gegründet.

1992  Bürgerkrieg in Tadschikistan.
Die Autonome Republik Tatarstan an der Wolga proklamiert ihre Unabhängigkeit von Moskau mit der Hauptstadt Kasan.
Die KPdSU wird in Rußland verboten.
Blutige Auseinandersetzungen zwischen Abchasien und Georgien.
Einigung über Abzug aller russischen Truppen aus Litauen.

1993 Unterzeichnung des Start-II-Vertrages durch Jelzin und Bush.
Sewastopol auf der Krim wird zur russischen Stadt erklärt.
Referendum in Rußland: Die Mehrheit der Bevölkerung spricht Jelzin das Vertrauen aus und billigt Wirtschafts- und Sozialpolitik. Vorgezogene Wahlen des Präsidenten und der Volksdeputierten werden abgelehnt.
Bürgerkriegsähnliche Unruhen in Moskau am 3. und 4. Oktober.
Die Opposition zwischen Boris Jelzin auf der einen, Vizepräsident Alexander Rutzkoi und Parlamentspräsident Ruslan Chasbulatow auf der anderen Seite endet mit dem Sieg des russischen Staatschefs nach dem Beschuß des Moskauer »Weißen Hauses« durch Panzer und Artillerie. Rutzkoi und Chasbulatow werden nach der Kapitulation ihrer Anhänger in das Lefortowo-Gefängnis eingeliefert.
Nach der Unterwerfung einer islamisch orientierten Revolutionsbewegung in Tadschikistan drohen in diesem Raum die afghanischen Wirren auf ehemals sowjetisches Gebiet überzugreifen.
Die letzten russischen Soldaten verlassen Litauen.
Bei den russischen Parlamentswahlen am 12. Dezember gerät die Reformpartei »Wahl Rußlands«, die von Jegor Gaidar angeführt wird, in die Minderheit. In der neuen Duma herrschen die extrem nationalistischen Anhänger des Dämagogen Wladimir Wolfowitsch Schirinowskij vor. Die Nachfolgepartei der KPdSU und die weiterhin kollektivistische Agrarpartei verfügen gemeinsam über die Mehrheit der Sitze. Im Schatten des geschwächten Präsidenten der russischen Föderation, Boris Jelzin, profiliert sich Ministerpräsi-

1993 dent Viktor Tschernomyrdin als einflußreicher Vertreter des militärisch-industriellen Komplexes. In der zweiten Kammer, dem »Oberhaus«, wo die autonomen Republiken, die autonomen Gebiete, die Provinzen und Großstädte repräsentiert sind, bleiben die Machtverhältnisse ungeklärt.

1994 Die russische Föderation erreicht in einem Abkommen mit Georgien und Armenien, daß weiterhin russische Truppen im Kaukasus stationiert bleiben.
Außenminister Andrej Kosyrew äußert sich bedrohlich gegenüber den unabhängigen baltischen Staaten.
Verteidigungsminister Pawel Gratschow legt sein Veto ein, als die »Visegradstaaten« – Polen, Tschechien, Slowakei, Ungarn – laut über einen Beitritt zur Nordatlantischen Allianz nachdenken.
Am 23. Februar überraschender Amnestiebeschluß des russischen Parlaments zugunsten der Putschisten vom August 1991 und Oktober 1993.

# Filmographie

»Und auf den Steinen wachsen Bäume«. Gorki Studio, Moskau 1985.
Regie: S. Rostozki

»Rußland in den Anfängen«. Gorki Studio, Moskau 1982.
Regie: G. Wassilijew

»Die Legende der Fürstin Olga«. Dovschenko Studio, Kiew 1983.
Regie: J. Iljenko

»Streunende Leute«. Gorki Studio, Moskau 1989.
Regie: I. Gurin

»Sacher Berkut«. Dovschenko Studio, Kiew 1972.
Regie: L. Ossyka

»Iwan Fjodorow oder die Offenbarungen des Johannes Erstdruckers«. Gorki Studio, Moskau 1989.
Regie: J. Sorokin/J. Schwyrjow

»Peters Jugend«. Gorki Studio, Moskau 1981.
Regie: S. Gerassimow

»Am Anfang der guten Taten«. Gorki Studio, Moskau 1981.
Regie: S. Gerassimow

»Zarenjagd«. Lenfilm, St. Petersburg 1989.
Regie: W. Melnikow

»Der Stern des bezaubernden Glücks«. Lenfilm, St. Petersburg 1975.
Regie: W. Motyl

»Jaroslaw der Weise«. Dovschenko Studio, Kiew 1982.
Regie: G. Kochan

»Rußland, das wir verloren haben«. Mosfilm, 1992.
Regie: S. Goworuchin

»Alexander Newski«. Mosfilm, 1938.
Regie: S. Eisenstein

»Andrej Rublow«. Mosfilm, 1966.
Regie: A. Tarkowskij

»Iwan der Schreckliche«. Mosfilm, 1944.
Regie: S. Eisenstein

»Gewitter über Rußland«. Glasnost 5, 1992.
Regie: A. Saltykow

»Boris Godunow«. Mosfilm, 1986.
Regie: S. Bondartschuk

»Peter der Große«. Lenfilm, 1938.

»Die junge Katharina«. Produktion N. C. Thompson, 1991/92.
Regie: M. Anderson

»Krieg und Frieden«. Mosfilm, 1967.
Regie: S. Bondartschuk

»Lermontow«. Mosfilm, 1986.
Regie: N. Burlyaev

»Sophia Perowskaja«. Mosfilm, 1967.
Regie: L. Arnshtam

»Generalnaja Linjia«. Mosfilm, 1929.
Regie: S. Eisenstein

»Siberiade«. Mosfilm, 1977.
Regie: A. Michailow-Konchalowkij

»Oktober«. Mosfilm, 1927.
Regie: S. Eisenstein

»Panzerkreuzer Potemkin«. Mosfilm, 1921.
Regie: S. Eisenstein

»Volksfeind Bucharin«. Mosfilm, 1990.
Regie: L. Maryagin

»Jemeljan Pugatschow«. Mosfilm, 1978.
Regie: A. Saltykow

»Der Fall der Romanow-Dynastie«. Mosfilm, 1927.
Regie: E. Shub

»Stalingrad«. Mosfilm, 1989.
Regie: Y. Ozerow

»Die Schlacht um Moskau«. Mosfilm, 1985.
Regie: Y. Ozerow

»Der Fall von Berlin«. Mosfilm, 1949.
Regie: M. Chuaurely

»Der Zug«. Zweiten Unitel.
Regie: Damiano Damiani

»Rasputin«. Aurora Televison.
Regie: R. A. Stemmle

»Der Idiot«. Mosfilm, 1958.
Regie: I. Pyriew

»The charge of the light brigade«. Woodfall Film Productions, 1968.
Regie: Tony Richardson

»Der Meister und Margarita«. Dunav-Film, Belgrad 1972.
Regie: Aleksander Petrovic.

»Die Dämonen«. NDR/ORF 1977.
Regie: Claus Peter Witt.

»3 Days in August«. Panorama Film, 1992.
Regie: J. Jung

# Stichwortverzeichnis

**A**

Achangelsk 84
Afghanistan 167f.
Alexander I. Pawlowitsch, Zar 109-113
Alexander II. Nikolajewitsch, Zar 123, 125
Alexander III. Alexandrowitsch, Zar 128
Alexandra Fjodorowna, Zarin 139ff.
Alexandrowskaja Sloboda 57
Alexei, Zarewitsch 140
Alexej, Zar 72f.
Alma-Ata 182
Andropow, Juri 164
Anhalt-Zerbst, Prinzessin Sophie Friederike von 97, 99
Anna Iwanowna, Zarin 95
Aschchabad 182
Asow 85
Astrachan 54
Auerstedt, Schlacht bei 112
Austerlitz 110

**B**

Bakunin, Michail 125
Baltikum 174
Banderas, Stepan 179
Baschkiren 100
Basilius-Kathedrale, Moskau 109
Batu, Khan 25, 34
Berdjajew, Nikolai Alexandrowitsch 125
Beresina 111
Berliner Mauer, Fall der 171
Biron, Ernst Johann von 95
Bironowschtschina 95
Blücher, Marschall 155
Bojaren 52, 57, 76, 80f., 84, 87
Bolschewiki 142
Bolschewismus 142
Borodino, Schlacht von 108
Bosporus 120
Breschnew, Leonid 160, 164, 173
Breschnew-Doktrin 164, 167
Brest-Litowsk, Vertrag von 142

Bulgakow, Michail 158
Byron, George Gordon Noel Lord 117
Byzanz 21

C
Ceauceşcu, Nicolae 173
Chateabriand, François de 117
China 186f.
Chmelnicki, Bodgan 179
Christianisierung, 22, 29
Chruschtschow, Nikita 160ff., 184

D
Daghestan 182
Dardanellen 120
Dekabristen 114, 116
Deng Xiaoping 186f.
Deutsches Dorf (Nemezkaja Sloboda) 81f.
Deutschritterorden 42, 44
Devlet-Gerais, Khan 67
Dmitri, falscher 68, 71
Dmitri, Zarewitsch 66-70, 169
Don-Kosaken 36
Donskoi, Dmitri 48
Dostojewski, Fjodor Michajlowitsch 113, 128ff., 155
Dritte Welt 163
Drittes Reich 42, 59ff., 153
Dscherzinski, Felix Edmundowitsch 146
Dschingis Khan 25
Dudajew, Dschohar 181
Duma 134, 137

E
Eisenstein, Sergej Michajlowitsch 42, 44, 51, 135, 143
Elisabeth I., Zarin 91, 95, 97
Elisabeth II., Zarin 95
Erster Weltkrieg 139

F
Filaret 38f., 76
Fjodorow, Iwan 56
Französische Revolution 105, 111
Friedrich II., der Große 96f.
Fünfjahrespläne 156

G
Gagarin, Jurij 161
Gemeinschaft unabhängiger Staaten (GUS) 120, 176
Georgien 180
Glasnost 169
Godunow, Boris Fjodorowitsch 41, 64, 66-69
Goldene Horde 41f., 47ff., 52
Gorbatschow, Michail 39, 160, 168f., 173f., 177
Gordon, Patrik General 82
GPU 55, 58, 155
Gregor VII., Papst 73

## H
Hanse, deutsche 45
Harbin 186
Heilige Allianz 111
Helsinki, Konferenz von 164
Herzen, Alexander 116
Hindukusch 34
Hitler, Adolf 89, 150, 152
Honecker, Erich 170f.

## I
Iliescu, Ion 173
Imam Schamil 119, 182
Indigirda, Prinzessin 26
Inguschen 120, 181
Ipatjew-Haus 145
Istanbul 120
Iwan III. 51
Iwan IV., der Schreckliche 51, 54f., 57f., 64, 67, 120, 150, 152, 156, 185

## J
Janajew 174
Janitscharen 91
Jaroslaw der Weise 26, 29
Jaruzelski, General Wojcieck 166
Jekaterinburg 145
Jelzin, Boris 145, 160, 175, 186, 188
Jena 110
Jena, Schlacht bei 112
Joakim 82
Johannes Paul II., Papst 166
Joiv, Metropolit 52
Julajew, Salawat 101
Jussupow, Fürst 41, 140
Justinian I., Kaiser 21

## K
Kabardinger 120, 181
Kabul 167
Kaiserliche Garde 81
Kalter Krieg 159
Karl XII. von Schweden, König 89, 153
Kasachstan 184f.
Kasan 41, 54, 101, 152
Katharina I., Zarin 87, 95
Katharina II., die Große 35, 52, 91, 93, 97-102, 104f.
Kaukasus 174, 180f.
Kemal Pascha 84
Kerenski, Alexander 141
KGB 146
Khazaren 22
Kiew 19, 27, 29, 68
Kiewer Reich 23
Kiewer Rus 22, 26
Knjasen 66
Kolchosen 157
Kommunistische Partei (KP) 155
Konstantinopel 20, 22, 52, 67, 122
Kosaken 35, 69, 71f., 100, 180
KPdSU, XX. Kongreß der 162

Krawtschuk, Leonid 33, 36f., 179
Krim-Krieg 121, 131
Krim-Tataren 36, 52, 67 81
Krinoj Rog 36
Kriwitschen 19
Kulaken 157
Kunserdorf, Schlacht von 97
Kutusow, Michail Ilarionowitsch Fürst Smolenskij, General 41, 108, 153

L
Lawra-Kloster 33
Lefort, Franz 82
Lemberg 179
Lenin, Wladimir Iljitsch 55, 128, 142, 149, 153
Lenin-Mausoleum 150
Leningrad 145
Lermontow, Michail Jurjewitsch 117ff.
Litauen 173
Lubjanka-Gebäude 146

M
Magdeburger Stadtrecht 45
Makarij, Metropolit 52
Mao Tsetung 159, 186
Marx, Karl 133
Masepa, Iwan 89
Materialismus, dialektischer 61
Meiji-Revolution 132

Menschikow, Alexander Danilowitsch Fürst 88, 95
Metternich, Klemens Wenzel Fürst von 111
Michailowitsch, Alexej 78
Miloslawskij, Familie 78
Mir 123, 137, 158
Moldawien 180
Mongolen 44, 47, 110
Mons, Anna 82
Morozow, General 35
Moskau 49, 51, 64
Moskau, Angriff auf 108f.
Mudschahidin 167
Murawjow, Graf 113

N
Nagorny-Karabagh 180
Napoleon I. Bonaparte 89, 108ff., 112
Napoleon III., Kaiser 121
Narodniki 120, 125, 133
Narodnitschestwo 125
Naryschkin, Familie 78, 81
Naryschkina, Natalja 79
Nestor, Mönch 19ff.
Netschajew 129
Neue Ökonomische Politik 153
Newski, Alexander von 41f., 44ff., 60, 153
Nikolaus I. Pawlowitsch, Zar 114, 116f., 120f.Inguschen 120
Nikolaus II. Alexandrowitsch,

Zar 71, 122, 131ff., 135, 137f., 140, 145f.
Nikon, Patriarch von Moskau 72f.
Njemen 111
Normannen 19
Nowgorod 19, 42, 45, 56
Nowodjewitschi, Kloster 64, 82
Nyazow, Präsident 183

O
Obschtschina 123, 137, 158
Oktober-Revolution 142f.
Olga, Hl. 22
Omon 173
Opritschniki 55, 57
Opritschnina 55, 133, 147, 155
Orlow 98, 100
Osmanisches Reich 120

P
Pamiat 147, 188
Panin 100
Paul I. Petrowitsch, Zar 112, 114
Peipussee, Schlacht am 44f.
Perestroika 169
Perowskaja, Sophija 123
Pershing-II.Raketen 165
Pestel, Pawel Iwanowitsch, Oberst 113ff.
Peter I. Alexejewitsch, der Große, Zar 35, 77ff., 81f., 84-89, 91, 93, 96, 100, 156, 169, 188f.
Peter II. Alexejewitsch, Zar 100
Peter III. Alexejewitsch, Zar 97f.
Petersburg 91, 93, 102, 113, 131, 133, 143, 188
Petschenegen 24, 27
Polowzer 27
Poltawa, Schlacht von 89, 153
Poniatowski, Stanislaw 100, 102
Port Arthur 132
Potemkin, Grigorij Alexandrowitsch Fürst 100, 102
Prager Frühling 163
Preobraschenskoje 81
Pritischnina 58
Pskow (Pleskau) 42, 45f.
Pugatschow, Jemeljan 100ff.
Puschkin, Alexander Sergejewitsch 86, 116, 118f., 178

R
Rachmaninow, Sergej Wassiljewitsch 41
Radek, Karl 142
Radischtschew, Alexander Nikolajewitsch 104
Rasin, Stenka 72
Raskolniki 73
Rasputin, Grigorij 139f.
Reagan, Ronald 165
Realismus, sozialistischer 158
Romanow, russische Herrscher-

dynastie 68, 71, 75f., 113, 131, 145
Rote Armee 58, 61, 150, 152, 163
Roter Platz, Moskau 153, 163, 374
Ruch (Befreiungsbewegung) 29, 179
Rurik, Fürst 12, 69
Rurikiden 22, 64, 75, 120
Russisch-Japanischer Krieg

S
Samarkand 41
Saporoshe 36
Saraj, Lager von 42
Schdanow, Andrej 158
Schostakowitsch, Dmitrij Dmitrijewitsch 158
Schuski, Wassilij 68
SDI-Programm 165
Sewastopol 121
Sibir 54
Siebenjähriger Krieg 97
Sigismund, König von Polen 67
Sinowjew, Alexander 142
Smuta 11, 64, 67, 71, 74f.
Solidarnosc 167
Solschenizyn, Alexander 130, 189
Sophienkirche, Kiew 27
Sophija Alexejewna, Zarewna 78, 80ff., 87
Sowchosen 157

Sputnik 171
Stalin, Josef Wissarionowitsch 42, 51, 55, 58, 60f., 142, 147, 149f., 153, 155f., 158, 160, 162, 174
Stalingrad 60
Stalingrad, Schlacht von 153
START 164
Stolypin, Pjotr Arkadjewitsch 137f.
Strelitzen 54, 69, 78, 80, 82, 87f.
Susdal, Kloster 42, 47
Swerdlowsk 145
Swjatoslaw, Fürst von Kiew 24

T
Tamerlan (Timur Lenk) 41, 52, 182
Tadschikistan 183
Taschkent 182
Tataren 27, 40ff., 44, 185
Theodora, Kaiserin 21
Trevlanen 22
Trotzki, Leo Dawidowitsch 138
Trubezkoi, Fürst 113
Tscheka 55, 58, 146, 155
Tscherkessen 118, 120, 181
Tschernenko, Konstatin 164
Tschernobyl 39
Tschetschenen 118, 120, 181
Tuchatschewski, Michail 155
Tukhtamisch von Saraij, Großkhan 52

Turgenjew, Iwan Sergejewitsch 41, 120
Turk-Völker 27

U
Ukraine 29, 32, 35-38, 113, 174, 178f.
Uljanow, Alexander 128
Uloschenie 71
Usbekistan 41

V
Voltaire 102

W
Wagram 110
Walesa, Lech 167

Waräger 19f.
Warschauer Aufstände 76
Warschauer Pakt 160, 163
Warschauer Pakt, Zerfall 173
Wiener Kongreß 111
Witte, Sergej 137
Wladimir I. Swjatoslawitsch der Heilige 24
Wladimir II. Wsewolodowitsch Monomach 27
Wladimir, Fürstentum
Wladimir, Großfürst 146
Wladimir, Kloster 47

Z
Zentralasien 174, 182
Zweiter Weltkrieg 153, 155, 158

# Bildnachweis

Juri Abramoschkin: 150
Action-Press: 183
Bildarchiv Preußischer Kulturbesitz: 20, 21, 25, 50, 53, 75, 79, 80, 83, 90 u, 94, 96, 98, 104, 105, 110, 112, 122, 126 u
dpa: 148, 166, 168, 171, 172 o, 172 u
Focus: 92
Gamma: 18 (Shone), 33, 34, 36, 38, 39, 40 l, 40 r, 146, 157, 165, 170 o, 170 u, 175 l, 175 r, 181
Alexander Guschin: 51
Jürgens: 88, 109, 115, 127
Keystone: 161 ol, 161 or, 162
C. Laqua: 26, 30 o, 30 u, 31 o, 31 u, 35 l, 35 r, 37, 46, 48, 49, 144
Novosti Press Agency (APN): 28, 62/63, 86, 90 o, 130 l, 130 r
Sipa: 74, 93, 103
Staatliches Dokumentarchiv Krasnogorsk: 60, 151 u, 152, 154 u
Sygma: 132, 141, 143
Ullstein Bilderdienst: 151 o
Lapi/ Viollet: 59
Roger/Viollet: 106/107, 118, 121, 124, 126 o, 134, 136, 138, 139, 154 o
ZDF: Farbbildteil S. 8
Fotos aus Filmen (siehe Seite 207): 43 o, 43 u, 45, 54, 56, 57, 65 o, 65 u, 66, 69, 70, 72, 73, 77, 85, 101, 116 l, 116 r, 117 l, 117 r.

# GOLDMANN

## *Politik, Zeitgeschichte*

Meine Vision　　　　　　　12382

Deutschland, deine Kanzler　　12311

Richard von Weizsäcker　　　12321

Die Alternative,
Demokratie statt Diktatur　　12380

*Goldmann · Der Taschenbuch-Verlag*

# GOLDMANN

## *Ein Siedler Buch bei Goldmann*

*Die Vergangenheit erzählen – die Gegenwart erfassen –
die Zukunft bedenken. Bücher zu Geschichte,
Politik und Zeitgeschehen erscheinen in direkter
Zusammenarbeit mit dem renommierten Siedler Verlag
im Goldmann Taschenbuch.*

Menschen und Mächte    12800

Kindheit in Ostpreußen    12810

Mitten in Europa    12807

Glanz und Elend des
Mittelalters    12825

*Goldmann · Der Taschenbuch-Verlag*

# GOLDMANN

## *Entdeckung anderer Kulturen*

Asien  12323

Vier Drachen am Mekong  11695

Chico Mendes  12403

Das alte Ladakh  11402

*Goldmann · Der Taschenbuch-Verlag*

# GOLDMANN TASCHENBÜCHER

*Das Goldmann LeseZeichen mit dem Gesamtverzeichnis erhalten Sie im Buchhandel oder gegen eine Schutzgebühr von DM 3,50/öS 27,–/sFr 4,50 direkt beim Verlag*

Literatur · Unterhaltung · Thriller · Frauen heute · Lesetip
FrauenLeben · Filmbücher · Horror · Pop-Biographien
Lesebücher · Krimi · True Life · Piccolo · Young Collection
Schicksale · Fantasy · Science-Fiction · Abenteuer
Spielebücher · Bestseller in Großschrift · Cartoon · Werkausgaben
Klassiker mit Erläuterungen

\*\*\*\*\*\*\*\*\*\*

Sachbücher und Ratgeber:
Politik/Zeitgeschehen/Wirtschaft · Gesellschaft
Natur und Wissenschaft · Kirche und Gesellschaft · Psychologie
und Lebenshilfe · Recht/Beruf/Geld · Hobby/Freizeit
Gesundheit und Ernährung · FrauenRatgeber · Sexualität und
Partnerschaft · Ganzheitlich heilen · Spiritualität und Mystik
Esoterik

\*\*\*\*\*\*\*\*\*\*

Ein SIEDLER-BUCH bei Goldmann
Magisch Reisen
ReiseAbenteuer
Handbücher und Nachschlagewerke

Goldmann Verlag · Neumarkter Str. 18 · 81664 München

---

Bitte senden Sie mir das neue Gesamtverzeichnis, Schutzgebühr DM 3,50

Name: _____

Straße: _____

PLZ/Ort: _____